HISTÓRIA

ALEXANDRE ALVES

Doutor em História pela Universidade de São Paulo (USP)
Autor-colaborador de coleções didáticas do Ensino Fundamental e do Ensino Médio

LETÍCIA FAGUNDES DE OLIVEIRA

Mestra em História Social pela Universidade de São Paulo (USP)
Autora-colaboradora de coleções didáticas do Ensino Fundamental e do Ensino Médio

3º ano
Ensino Fundamental • Anos Iniciais

Editora **Saraiva**

São Paulo – 1ª edição – 2018

Editora Saraiva

Direção geral: Guilherme Luz

Direção editorial: Luiz Tonolli e Renata Mascarenhas

Gestão de projeto editorial: Tatiany Renó

Gestão e coordenação de área: Wagner Nicaretta (ger.) e Brunna Paulussi (coord.)

Edição: Beatriz de Almeida Francisco, Érica Lamas, Flávia Merighi Valenciano e Guilherme Reghin Gaspar

Gerência de produção editorial: Ricardo de Gan Braga

Planejamento e controle de produção: Paula Godo (ger.), Roseli Said (coord.) e Marcos Toledo

Revisão: Hélia de Jesus Gonsaga (ger.), Kátia Scaff Marques (coord.), Rosângela Muricy (coord.), Ana Paula C. Malfa, Carlos Eduardo Sigrist, Gabriela M. de Andrade, Luís M. Boa Nova, Maura Loria, Paula T. Jesus e Vanessa P. Santos; Amanda Teixeira Silva e Bárbara de M. Genereze (estagiárias)

Arte: Daniela Amaral (ger.), Claudio Faustino (coord.), Karen Midori Fukunaga, Livia Vitta Ribeiro e Meyre Diniz (edit. arte)

Diagramação: JS Design

Iconografia: Sílvio Kligin (ger.), Denise Durand Kremer (coord.) e Evelyn Torrecilla (pesquisa iconográfica)

Licenciamento de conteúdos de terceiros: Thiago Fontana (coord.), Luciana Sposito e Liliane Rodrigues (licenciamento de textos), Erika Ramires e Claudia Rodrigues (analistas adm.)

Tratamento de imagem: Cesar Wolf e Fernanda Crevin

Ilustrações: Biry Sarkis, Nik Neves, Petra Elster, PriWi e Suryara Bernardi

Cartografia: Eric Fuzii (coord.), Mouses Sagiorato do Prado e Robson Rosendo da Rocha (edit. arte)

Design: Gláucia Correa Koller (ger.), Erika Tiemi Yamauchi Asato (capa e proj. gráfico) e Talita Guedes da Silva (capa)

Ilustração de capa: Ideário Lab

Foto de capa: espies/Shutterstock

Todos os direitos reservados por Saraiva Educação S.A.
Avenida das Nações Unidas, 7221, 1º andar, Setor A – Espaço 2 – Pinheiros – SP – CEP 05425-902
SAC 0800 011 7875
www.editorasaraiva.com.br

Dados Internacionais de Catalogação na Publicação (CIP)
(Câmara Brasileira do Livro, SP, Brasil)

```
Alves, Alexandre
   Ligamundo : história 3º ano / Alexandre Alves
Letícia Fagundes de Oliveira. -- 1. ed. --
São Paulo : Saraiva, 2018.

   Suplementado pelo manual do professor.
   Bibliografia.
   ISBN 978-85-472-3445-4 (aluno)
   ISBN 978-85-472-3446-1 (professor)

   1. História (Ensino fundamental) I. Oliveira,
Letícia Fagundes de. II. Título.

18-16476                         CDD-372.89
```

Índices para catálogo sistemático:

1. História : Ensino fundamental 372.89

Maria Alice Ferreira - Bibliotecária - CRB-8/7964

2023
Código da obra CL 800651
CAE 628123 (AL) / 628125 (PR)
1ª edição
9ª impressão

ABDR

Impressão e acabamento: Bercrom Gráfica e Editora

Uma publicação  SOMOS EDUCAÇÃO

APRESENTAÇÃO

Caro aluno,

Você já pensou sobre como seria viver em uma outra época ou em um lugar com outra cultura? Já imaginou como as pessoas moravam, trabalhavam, se relacionavam, brincavam e se divertiam no passado? Será que era da mesma maneira que fazemos hoje em dia?

Aprender História é uma forma de responder a essas e muitas outras questões. A História é a ciência que nos mostra a imensa riqueza e diversidade das culturas humanas no presente e no passado. A maneira como as pessoas vivem, pensam e se organizam pode ser muito variada, mas sempre existe algo que une todos os seres humanos em todas as épocas e lugares: a necessidade de sonhar, de criar, de amar e de se comunicar.

Esta coleção foi pensada para você, que sempre quer saber mais, que adora novidades, aventuras e descobertas. A História pode ser muito divertida, como passear por terras distantes, resolver um enigma ou decifrar um mistério.

Estudar História é também um modo de conhecermos a nós mesmos e de saber quem somos e de onde viemos. Compreender como era a vida das pessoas em outras épocas e lugares vai ajudá-lo a entender melhor sua própria vida aqui no presente.

Vamos começar a nossa aventura?

CONHEÇA SEU LIVRO

Este livro está dividido em nove unidades.

Abertura de unidade

Nesta seção você conhecerá o que vai aprender ao longo da unidade. Vai também conversar com os colegas sobre o que já sabem a respeito dos temas que serão estudados a partir da leitura de imagens.

Vamos falar sobre...

Nesta seção você conversará com os colegas sobre atitudes e valores importantes para a sua formação como cidadão.

Fazendo História!

Esta seção amplia o estudo de alguns processos ou fatos abordados na unidade, muitas vezes por meio da análise de diferentes fontes históricas.

Glossário

Aqui você vai encontrar o significado das palavras destacadas no texto.

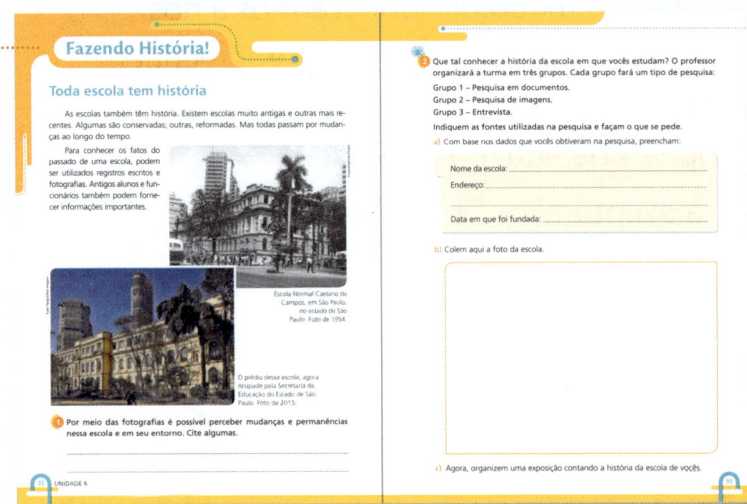

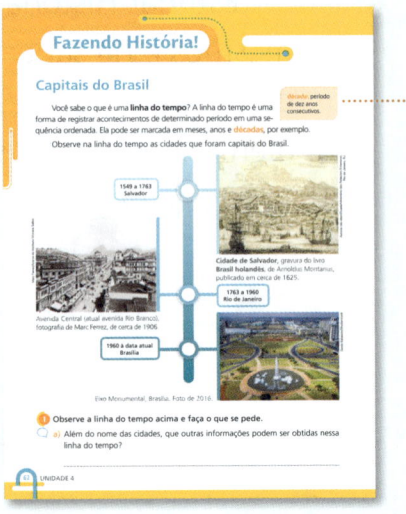

Conectando saberes

Nesta seção você conhecerá com mais profundidade algum tema estudado na unidade, relacionando o assunto com outras áreas do conhecimento e noções de cidadania.

Vamos retomar

Esta seção apresenta atividades que retomam alguns temas estudados na unidade.

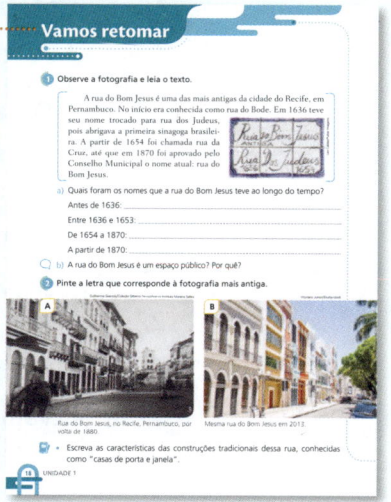

Autoavaliação

Esta seção vai ajudar você a perceber se adquiriu o conhecimento dos principais temas trabalhados na unidade e a refletir sobre o que precisa melhorar.

Sugestões

Nesta seção há indicação de livros, *sites*, vídeos e filmes para você complementar seu estudo.

Ícones que indicam como realizar as atividades:

 Oral

 Em dupla

 Em grupo

 No caderno

As sugestões têm o objetivo de ampliar seu aprendizado, e não de fazer propaganda.

SUMÁRIO

Carlos Bourdie/
Arquivo da editora

1

O lugar onde eu moro

Nesta unidade você vai:

- Reconhecer que os seres humanos precisam viver em moradias.
- Conhecer exemplos de moradias do presente e do passado.
- Conhecer um pouco a respeito das moradias de um povo indígena.
- Compreender a diferença entre espaço público e privado.
- Valorizar e respeitar os espaços públicos como locais de convivência.

Observe as fotografias e faça as atividades com os colegas.

1. Como são as moradias das ruas que vocês observaram nas fotografias?

2. Com a ajuda do professor, organizem-se em dois grupos.

- O **grupo A** vai analisar a fotografia da rua de Parati e dizer quais são, na opinião dos integrantes, os aspectos positivos e negativos dela.

- O **grupo B** vai analisar a fotografia da rua do Recife e dizer quais são, na opinião dos integrantes, os aspectos positivos e negativos dela.

- Após a análise, respondam: Vocês gostariam de morar nessa rua? Anote no caderno a resposta de seu grupo.

3. A rua onde você mora se parece com alguma das ruas das fotografias apresentadas? Cite semelhanças e diferenças entre a sua rua e as que você observou nestas páginas.

Rua da cidade de Parati, Rio de Janeiro, em 2016.

Edson Sato/Pulsar Imagens

Rua da cidade do Recife, Pernambuco, em 2011.

Emanuel Lopes/Imagem Brasil

Moradias

Atualmente existem diferentes tipos de moradia. Mas será que sempre foi assim? Em sua opinião, como eram as moradias no passado? Que tipos de construção existiam?

Todas as pessoas precisam de um lugar para viver, dormir, comer e se proteger do frio, do calor e da chuva. Esses lugares são chamados **casas** ou **moradias**.

As moradias são construídas em função do modo de vida, da **cultura** e dos materiais disponíveis em cada lugar.

Veja alguns tipos de moradia.

> **cultura:** conjunto de ideias, objetos, costumes, leis, crenças e conhecimentos que caracteriza um grupo social.

Casa-barco em Amsterdã, Holanda, em 2016.

Edifícios em Palm Beach, Estados Unidos, em 2017.

Palafita no Rio Negro, no município de Iranduba, Amazonas, em 2015.

> **palafita:** casa construída sobre a água e sustentada por estacas.

Oca do povo indígena Kayapó, aldeia Moykarakô, em São Félix do Xingu, Pará, em 2015.

1 Quais das moradias da página anterior são parecidas com as que existem no lugar onde você vive? Anote abaixo.

....

2 Os Yawalapiti vivem no Parque Indígena do Xingu, localizado no norte do estado do Mato Grosso. Leia o texto a seguir e conheça um pouco a respeito das moradias desse povo.

> As diferentes partes da casa são relacionadas com partes do corpo humano ou animal. A parte da frente, por exemplo, corresponde ao peito, os fundos são as costas, a porta é a boca e os pilares são as pernas.
>
> As casas são comunais, isto é, comuns a várias famílias, aparentadas entre si. O tamanho da casa varia de acordo com o número de moradores. O espaço interno normalmente é organizado assim: há o espaço da cozinha; o depósito de alimentos que fica no centro da casa, e um outro, em frente à porta de entrada, onde os visitantes são recebidos e as danças realizadas. Os moradores dormem em redes que são amarradas nas laterais da casa. À noite, a casa é fechada com portas feitas de madeira e palha e pequenas fogueiras são acesas abaixo das redes, deixando o interior com uma temperatura agradável.
>
> POVOS Indígenas no Brasil Mirim. Casas. Disponível em: <https://mirim.org/como-vivem/casas>. Acesso em: abril de 2018.

Aldeia Yawalapiti em Gaúcha do Norte, Mato Grosso, em 2013.

Renato Soares/Pulsar Imagens

a) Como a casa dos Yawalapiti se relaciona com o corpo humano?

b) Faça um desenho para representar a casa por dentro, de acordo com o texto.

Moradias do presente e do passado

No Brasil existem formas de morar muito antigas que ainda permanecem no presente, como a casa de taipa e o sobrado **colonial**. Essas moradias são **tradicionais** e encontradas em diferentes regiões do nosso país.

colonial: período da história do Brasil que vai de 1500 a 1822, quando o país era colônia de Portugal.

tradicional: que é fundado na tradição, ou seja, em algo passado de geração em geração.

A casa de taipa

Os portugueses que chegaram em 1500 às terras que hoje formam o Brasil começaram a construir casas de taipa ou pau a pique. Essas moradias eram feitas com barro socado e madeira.

A casa de taipa é um tipo de moradia resistente, fácil de construir e de baixo custo. Por isso, ainda é utilizada em diversas regiões do Brasil.

Reprodução/Coleção particular

Moradia de taipa retratada na obra **Habitação de negros**, de Johann Moritz Rugendas, produzida entre 1822 e 1825 (litogravura aquarelada publicada em **Viagem pitoresca e histórica ao Brasil**, 1835).

Marcos Amend/Pulsar Imagens

Casa de taipa na aldeia Yanomami de Maturacá, em Santa Isabel do Rio Negro, Amazonas, em 2017.

O sobrado colonial

No passado, um tipo de habitação tradicional no Brasil era o sobrado, conhecido como "casa de porta e janela".

Nas cidades ou vilas, os sobrados eram construídos um ao lado do outro e no alinhamento das ruas.

Diferentes tipos de janela e fachada. Quanto mais rica era a família, mais enfeitadas e coloridas eram as fachadas.

Janelas altas e com sacada, de onde as pessoas podiam observar o movimento das ruas.

Sobrados coloniais na cidade de Ouro Preto, Minas Gerais, em 2015.

Filipe Frazao/Shutterstock

 1 Leia o texto, observe a fotografia e faça a atividade.

O sobrado foi construído em 1865 para servir de moradia e armazém ao comerciante Manuel Joaquim Ferreira Neto. Mais tarde, a casa serviu de hotel e depósito de adubo químico. Permaneceu muito tempo abandonada até ser restaurada em 1992. Hoje, abriga o Espaço Cultural Frontaria Azulejada, um local público que serve a população da cidade de Santos.

Rubens Chaves/Pulsar Imagens

Espaço Cultural Frontaria Azulejada, localizado na cidade de Santos, São Paulo. Foto de 2014.

- Discuta com os colegas: Podemos dizer que as construções mudam de função ao longo do tempo? Explique.

2 Organize as palavras para formar uma frase verdadeira.

formas permanecem de antigas no morar presente

Se essa rua fosse minha...

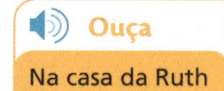 Ouça
Na casa da Ruth

 Observe a pintura abaixo e converse com os colegas: Se essa rua fosse sua, o que mudaria nela?

Reprodução/Galeria Jacques Ardies

O vendedor de frutas, de Mara D. Toledo, 2008 (óleo sobre tela, de 50 cm × 70 cm).

Você já percebeu como existem ruas diferentes nas cidades? Há ruas largas e estreitas, ruas novas e antigas, de terra e asfaltadas, com jardim, praças e árvores...

Além de lugar para passagem e circulação de pessoas e veículos, as ruas são espaços para atividades coletivas, como feiras livres, passeatas, protestos e festas populares.

A **moradia** de cada pessoa é um **espaço privado**, ou seja, particular. As ruas, as alamedas, as travessas, as avenidas e as praças são **espaços públicos**, pois nelas todos têm o direito de ir e vir livremente.

1 Desenhe a rua onde você mora em uma folha à parte e descreva-a para os colegas.

2 Você já reparou que as ruas têm nome e as construções têm número? Sobre essa organização, responda:

a) Qual é o endereço da escola em que você estuda?

....

....

....

b) Por que é importante que as ruas tenham nome e as casas, número?

....

....

....

3 Converse com os colegas: As ruas e as avenidas são espaços de convivência que necessitam de regras para que todos convivam bem?

- Escreva uma regra que deve ser obedecida por todos que circulam nas ruas.

....

....

....

Vamos falar sobre...

Leia

"Essa rua é nossa!"

Respeito ao espaço público

Você já aprendeu que o espaço público é coletivo e, portanto, pertence a todos os moradores da comunidade. Para que ele se mantenha limpo e conservado é necessária a colaboração de todos. Os locais públicos devem ser usados com responsabilidade e, neles, as regras de convivência precisam ser respeitadas. Entre elas, estão não jogar lixo no chão e não danificar esse espaço que pertence aos moradores da comunidade. Afinal, todos gostam de conviver em um espaço bonito e bem organizado.

- **Você conhece locais públicos que estão malconservados? Quais ações podem contribuir para melhorar esses locais? Converse com os colegas a respeito.**

Fazendo História!

Os bairros têm história

Os bairros fazem parte da cidade. Neles vivem pessoas que compartilham espaços comuns no dia a dia e criam uma relação afetiva com esses espaços.

Existem bairros residenciais, comerciais e industriais. Alguns bairros são antigos e outros surgiram há menos tempo ou podem estar em formação. Cada bairro tem a sua história.

Em um mesmo bairro podem existir ruas, casas, edifícios, parques ou praças com características de diferentes épocas. Em primeiro plano, armazéns do antigo cais do porto no centro de Porto Alegre, Rio Grande do Sul. Ao fundo, prédios mais recentes. Foto de 2016.

Luciana Whitaker/Pulsar Imagens

1. **Reúna-se com os colegas e elaborem duas perguntas que devem ser respondidas após um passeio que vocês farão pelo bairro da escola.**

    1. ....
    ....
    2. ....
    ....

2. **Agora, faça um passeio pelo bairro da escola com os colegas e o professor.**

    a) Em uma folha à parte, anote o que você observa no bairro da escola: como são as casas, se as ruas são movimentadas, se há mais lojas ou residências. Faça uma lista com o nome dos espaços públicos que você identifica no seu bairro (praças, prédios públicos, ruas, etc.). Depois, na sala de aula, identifique as funções deles.

b) Com a ajuda do professor, pesquise imagens que mostrem como era o bairro há cerca de vinte anos. Essas fotografias podem ser encontradas em jornais e revistas municipais, na internet ou com moradores mais antigos. Monte, com os colegas, um painel com as imagens encontradas.

c) Com base no painel, compare as imagens antigas com o que você observou em seu passeio. Elabore um texto que destaque o que mudou e o que permaneceu no bairro.

_____

_____

_____

_____

_____

_____

_____

_____

_____

_____

3 Você pode ampliar ainda mais as suas descobertas sobre o bairro em que vive. Entreviste um antigo morador e descubra outras informações sobre o local. Depois, compartilhe suas descobertas com os colegas.

Biry Sarkis/Arquivo da editora

Vamos retomar

1 Observe a fotografia e leia o texto.

> A rua do Bom Jesus é uma das mais antigas da cidade do Recife, em Pernambuco. No início era conhecida como rua do Bode. Em 1636 teve seu nome trocado para rua dos Judeus, pois abrigava a primeira sinagoga brasileira. A partir de 1654 foi chamada rua da Cruz, até que em 1870 foi aprovado pelo Conselho Municipal o nome atual: rua do Bom Jesus.

a) Quais foram os nomes que a rua do Bom Jesus teve ao longo do tempo?

Antes de 1636: _____

Entre 1636 e 1653: _____

De 1654 a 1870: _____

A partir de 1870: _____

b) A rua do Bom Jesus é um espaço público? Por quê?

2 Pinte a letra que corresponde à fotografia mais antiga.

Guilherme Gaensly/Coleção Gilberto Ferrez/Acervo Instituto Moreira Salles

Vitoriano Junior/Shutterstock

A

B

Rua do Bom Jesus, no Recife, Pernambuco, por volta de 1880.

Mesma rua do Bom Jesus em 2013.

• Escreva as características das construções tradicionais dessa rua, conhecidas como "casas de porta e janela".

Autoavaliação

Terminamos a unidade 1! Leia as frases abaixo e faça um **X** no desenho que melhor expressa sua opinião sobre cada uma delas.

	😄	😐	🙁
1. Reconheço que os seres humanos precisam viver em moradias.			
2. Conheci exemplos de moradias do presente e do passado.			
3. Conheci um pouco a respeito das moradias de um povo indígena.			
4. Compreendo a diferença entre espaço público e espaço privado.			
5. Valorizo e respeito os espaços públicos como locais de convivência.			

Sugestões

 Para ler

- **"Essa rua é nossa!"**, de Beatriz Meirelles, Scipione.

  Nesse livro é possível entender que as ruas foram feitas para todos e que é muito importante cuidar delas com responsabilidade e respeito.

Para ouvir

- **Na casa da Ruth**, de Fortuna e Hélio Ziskind, Selo Sesc.

  O DVD apresenta poemas de Ruth Rocha musicados por Hélio Ziskind e interpretados pela cantora Fortuna e pelo Coral Infantil do Sesc Vila Mariana.

2

Vivendo nas cidades

Nesta unidade você vai:

- Reconhecer características da população e da identidade das cidades.
- Refletir sobre alguns problemas causados pelo lixo das cidades.
- Conhecer exemplos de profissões do presente e do passado.
- Entender que algumas profissões permanecem e outras desaparecem ao longo do tempo.
- Descobrir o significado de patrimônio cultural e identificar alguns exemplos na região em que vive.

1

Observe as imagens, leia as legendas e converse com os colegas.

1. O que está representado nas imagens?

2. A cidade do Rio de Janeiro se modificou ao longo do tempo? Justifique sua resposta.

3. Do que você mais gosta na cidade onde vive?

Reprodução/Museu Histórico Nacional, Rio de Janeiro, RJ.

2

Boqueirão e Arcos da Lapa, de Leandro Joaquim, c. 1738-1798 (óleo sobre tela, 86 cm × 105 cm). Essa pintura do final do século 18 retrata os Arcos da Lapa (antigo Aqueduto da Carioca), uma das paisagens mais conhecidas da cidade do Rio de Janeiro.

Os Arcos da Lapa, na cidade do Rio de Janeiro, estado do Rio de Janeiro, em 2016.

Filipe Frazão/Shutterstock

O cotidiano nas cidades

Como é a vida das pessoas que vivem na cidade onde você mora? Que atividades elas realizam? Que tipo de serviço essas pessoas utilizam?

Atualmente, mais da metade da população mundial vive em cidades.

As pessoas que vivem nas cidades podem encontrar opções de trabalho, diversão, convivência e serviços ao frequentar espaços diferentes, como ruas, parques, escolas, hospitais, restaurantes, cafés, cinemas e lojas.

Muitas cidades se parecem, pois oferecem uma estrutura de serviços semelhante, como sistema de transporte, meios de comunicação e opções de lazer. Mas as cidades também são diferentes, pois cada uma delas se identifica por sua história, suas características geográficas e seus habitantes.

Leia
Um mundo de crianças

1 Observe a fotografia e leia a legenda.

Mauricio Camargo/Futura Press

O projeto Curativos Urbanos foi criado por um grupo de amigos com o objetivo de chamar a atenção da população e do poder público para as dificuldades de locomoção nas grandes cidades. O grupo aplicou gigantes curativos coloridos em buracos nas calçadas de bairros de algumas cidades do Brasil. Na foto acima, de 2012, duas meninas que fazem parte desse grupo aplicam curativos em calçadas de São Paulo, estado de São Paulo.

a) Qual é o objetivo do projeto Curativos Urbanos?

b) Qual é a sua opinião sobre a ação desse grupo de amigos? Você acha que essa foi uma atitude cidadã?

2 Observe as fotografias e faça as atividades.

Feira das Flores, na cidade de Medellín, Colômbia, em 2016. Essa festa comunitária acontece no início de agosto e tem duração de dez dias. Por causa desse período, Medellín ficou conhecida como "cidade da eterna primavera".

Praia de Tambaba, no município de Conde, Paraíba, em 2017. A praia é um espaço público de convivência entre as pessoas.

Bairro Shinjuku, Tóquio, no Japão, em 2017. Tóquio é uma das cidades com maior número de habitantes no mundo. Nela os moradores convivem em ruas bastante agitadas.

Trânsito de carros e problemas de poluição no cotidiano dos moradores da cidade de Varsóvia, Polônia, em 2017.

a) Pinte o quadrinho das fotografias que mostram opções de lazer das cidades.

b) Que problemas são retratados na imagem **4**?

....

c) A cidade em que você vive se parece com alguma dessas? Qual? Pinte o quadrinho.

Os moradores da cidade

Quem são as pessoas que vivem na mesma cidade que você? Será que todas elas nasceram nessa cidade?

Nas cidades brasileiras, vivem pessoas de diferentes idades: crianças, jovens, adultos e idosos. Vivem também pessoas com diferentes aparências ou sotaques e estrangeiros que vieram morar no Brasil. Cada pessoa contribui com sua história de vida, seu conhecimento e suas habilidades para que a cidade seja um lugar de convivência, de troca de experiências e de respeito entre todos.

A população brasileira é formada por mais de 200 milhões de pessoas. Essa população pode ser distribuída por faixa de idade, como mostra o gráfico abaixo.

Brasil: distribuição da população por grandes grupos de idade – 2010

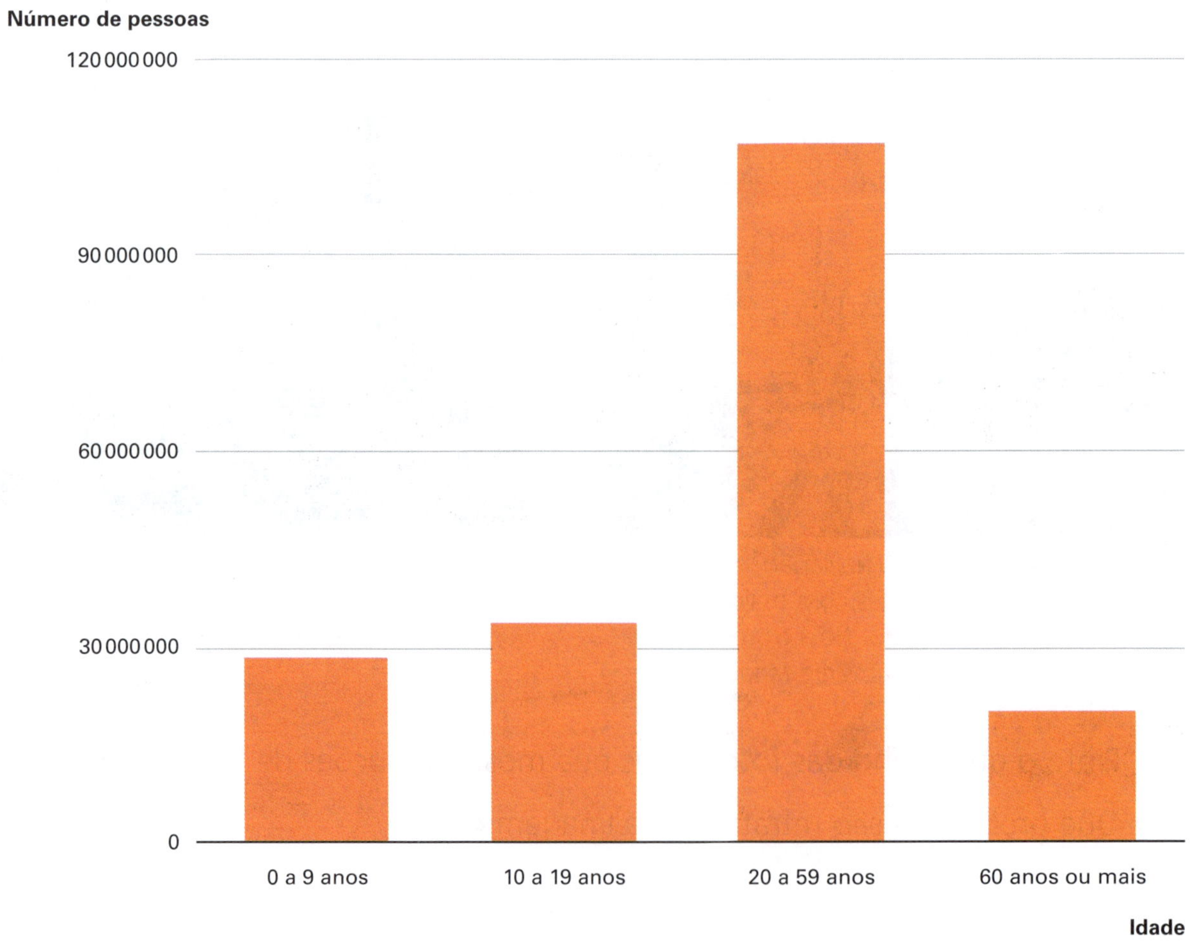

Número de pessoas

Idade	Número de pessoas (aprox.)
0 a 9 anos	30 000 000
10 a 19 anos	34 000 000
20 a 59 anos	107 000 000
60 anos ou mais	20 000 000

Banco de imagens/Arquivo da editora

IBGE. Nosso povo: características da população. Disponível em: <http://7a12.ibge.gov.br/vamos-conhecer-o-brasil/nosso-povo/caracteristicas-da-populacao.html>. Acesso em: maio de 2018.

1 Observe o gráfico da página anterior com atenção e responda às questões.

a) Em qual faixa de idade você se situa nesse gráfico?

....

b) Que quantidade de pessoas essa faixa de idade representa?

....

c) Somando a primeira e a segunda faixa de idade, podemos dizer que elas representam o maior segmento da população? Explique.

....

....

....

....

Vamos falar sobre...

Lixo: um problema de todos

Diariamente, moradores das cidades brasileiras produzem grande quantidade de lixo. Em média, cada brasileiro produz 380 quilogramas por ano.

Se descartado de maneira inadequada, o lixo pode se acumular no ambiente, ocupar espaço e poluir o solo, a água e o ar, além de favorecer a transmissão de doenças.

Delfim Martins/Pulsar Imagens

Lixão na periferia de São Félix do Xingu, Pará, em 2016.

• **Que tipo de atitudes podemos adotar para diminuir a quantidade de lixo descartado no dia a dia?**

Cidade também tem história: Olinda

As cidades mudam com o passar do tempo. Algumas crescem e se desenvolvem, outras diminuem em número de habitantes ou têm suas características alteradas.

Para conhecer a história de uma cidade, podemos pesquisar documentos (jornais, fotografias, mapas e plantas antigos), investigar construções antigas e novas (prédios e monumentos) ou conversar com moradores da região.

A cidade de Olinda, em Pernambuco, é uma das mais antigas do Brasil. O povoado teve início há cerca de 480 anos, logo após os portugueses chegarem ao território que hoje forma o Brasil. Em 1537, Olinda já estava elevada à categoria de vila.

Para defender o local de ataques externos, os portugueses ergueram um sistema de **fortes** em torno das praias. Contudo, isso não impediu que os holandeses invadissem a cidade em 1630. Em 24 de novembro de 1631, os holandeses incendiaram a cidade, após retirar os materiais nobres das edificações para construir suas casas no Recife.

> **forte:** construção murada e cercada por canhões com a função de defesa contra invasões de vilas e cidades no litoral do Brasil.

Olinda precisou ser reconstruída, porém edificações do tempo dos holandeses ainda podem ser vistas na cidade.

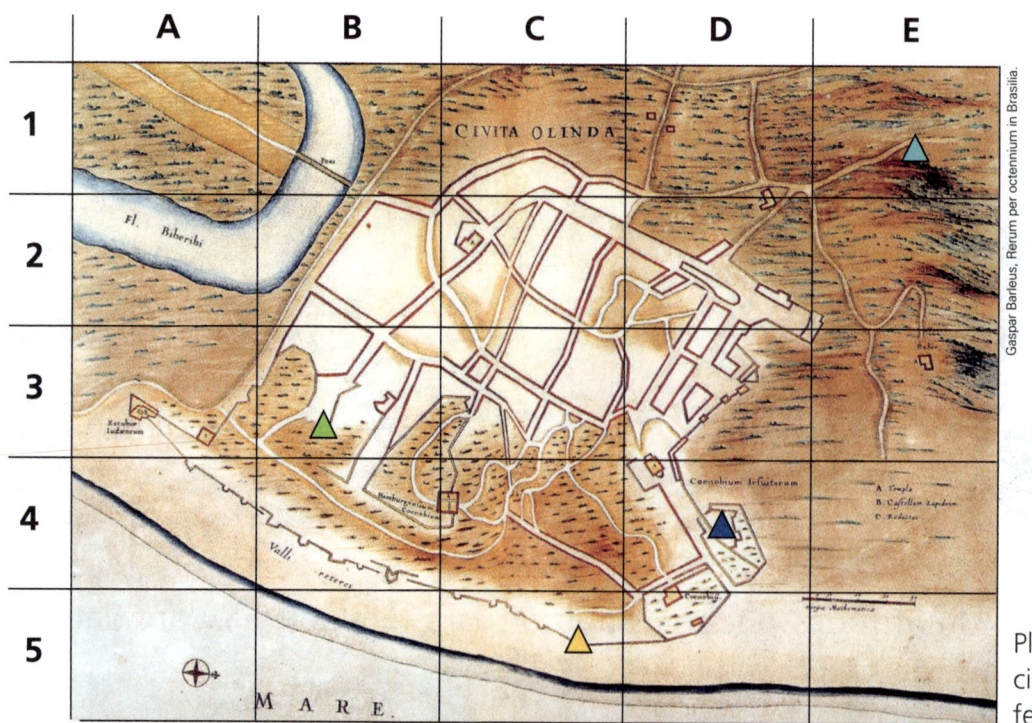

Gaspar Barleus, Rerum per octennium in Brasília.

Planta baixa da cidade de Olinda, feita em 1665.

1 Observe novamente, na página 26, a planta baixa da cidade de Olinda. Depois observe abaixo as fotografias de algumas importantes construções históricas da cidade e leia as legendas.

Igreja Nossa Senhora do Amparo, construída em 1613 e parcialmente destruída pelo incêndio na cidade. Foi reedificada em 1644. Fotografia de 2017.

O Mosteiro de São Bento, construído a partir de 1586, foi destruído pelos holandeses. Sua reconstrução foi iniciada em 1654 e concluída em 1759. Fotografia de 2015.

O forte de São Francisco, localizado na praia de São Francisco, foi erguido pelos portugueses no final de 1629 para proteger Olinda. O forte foi ampliado pelos holandeses e reconstruído após o incêndio de Olinda. Fotografia de 2013.

Colégio dos Jesuítas (antigo colégio Real de Olinda), inaugurado em 1573 por padres jesuítas. Durante a invasão, o prédio foi utilizado como quartel-general das tropas holandesas. Atualmente funciona no local o Seminário de Olinda. Fotografia de 2013.

a) Leia o nome das edificações e indique, nos quadrinhos, a localização delas na planta.

☐ Mosteiro de São Bento

☐ Forte de São Francisco

☐ Igreja Nossa Senhora do Amparo

☐ Colégio dos Jesuítas

b) Qual dessas edificações mudou de função?

_____

_____

O trabalho na cidade

📖 Leia

A gente pode... com 7 ou 8 anos

Que profissionais atuam no lugar onde você vive? Na sua opinião, qual é a importância deles para o funcionamento de uma cidade?

O trabalho de muitos profissionais garante o funcionamento das cidades. Garis, padeiros, motoristas, enfermeiros, professores e comerciantes são alguns exemplos desses profissionais. Cada trabalhador tem sua função e todos são igualmente importantes para a vida de quem mora na cidade.

Alexandre Tokitaka/Pulsar Imagens

Motorista de ônibus na cidade de São Paulo, estado de São Paulo, em 2016.

Profissões do presente e do passado

Profissões antigas se modificam e profissões novas surgem conforme as necessidades das pessoas e as novas tecnologias. Por isso, no presente existem novas profissões, como técnico de telefonia celular, programador de computador e projetista de *videogame*.

Há também profissões que foram importantes no passado, mas que deixaram de existir, como o acendedor de lampiões e o **calceteiro**. Por fim, há profissões antigas que ainda estão presentes no cotidiano das cidades, como o feirante, o sapateiro e o pedreiro.

calceteiro: empedrador que calçava as ruas com pedras.

1 Leia o depoimento da gaúcha Bethina Fróes, professora aposentada que nasceu em 1943.

> Eu me lembro que, quando eu tinha uns 4 ou 5 anos, o entregador de leite passava todos os dias, bem cedinho, na nossa porta para encher o nosso **tacho** de leite. Quando a gente escutava o barulho do caminhão chegando, era aquela gritaria: "Mãe, rápido, o caminhão do leite!".
>
> Minha mãe corria para pegar o tacho vazio. Ele abria as garrafas de vidro na nossa frente, enchia o tacho e ia embora.
>
> Depoimento de Bethina Fróes, especialmente para esta obra.

tacho: recipiente de metal usado principalmente para fins culinários.

Hidegard Rosenthal/Acervo IMS

Entregador de leite junto ao caminhão na cidade de São Paulo, estado de São Paulo, cerca de 1940.

a) Sublinhe, no enunciado, o nome de quem deu esse depoimento e sua profissão.

b) Sobre qual profissão Bethina Fróes fala em seu depoimento? Na sua opinião, por que essa profissão deixou de existir? Troque ideias com os colegas e registre suas conclusões.

2 Observe a fotografia e leia a legenda.

a) Por que esse fato mereceu destaque?

....

....

....

b) Dilma Rousseff também foi eleita para um cargo que só havia sido ocupado por homens. Qual é o cargo?

....

....

c) Imagine e desenhe em uma folha à parte uma profissão diferente que você gostaria de exercer quando se tornar adulto.

Em dezembro de 2012, a presidente Dilma Rousseff homenageou Dalva Maria Carvalho Mendes, primeira mulher da história do país a ocupar o cargo de oficial-general das Forças Armadas brasileiras.

3 Leia a ficha sobre Mário Paiva.

Mário Paiva

"Experimentador de sorvete"

"Tomo sorvete todos os dias no trabalho. Mas o mais legal é perceber os sabores e cheiros de cada receita. Esse é o maior desafio."

Idade: 28 anos.

Formação: Ciência do alimento.

[...]

Principais funções: Cria receitas de sorvetes, experimenta e avalia novos sabores.

Quando criança queria ser: Médico, como o pai.

MAZZONI, Natália. Trabalho dos sonhos. **O Estado de S. Paulo**. Estadinho. São Paulo, 5 de novembro de 2011. p. 5.

a) Contorne a ocupação atual de Mário Paiva.

b) Por que a profissão dele é importante?

4 Você e os colegas vão fazer uma pesquisa de opinião.

a) Faça a pergunta indicada a seguir a um adulto da sua família e registre abaixo a resposta dada por ele.

> Na sua opinião, existem profissões próprias para homens e outras próprias para mulheres? Por quê?

....

....

....

....

....

....

b) Registre na tabela os resultados obtidos pela turma com essa pesquisa.

Resposta	Total
Sim	
Não	

c) Vocês concordam com a opinião da maioria das pessoas que participaram da pesquisa? Escreva as conclusões do grupo.

....

....

....

....

....

....

Toda cidade tem patrimônio

Em todos os lugares existem patrimônios históricos, culturais e naturais que ao longo do tempo passam a fazer parte da nossa história de vida.

Os patrimônios podem ser materiais (documentos, esculturas, edificações) ou imateriais (brincadeiras, festas e danças populares, lendas, músicas, costumes).

Brasil: São Luís, estado do Maranhão

Andre Dib/Pulsar Imagens

A Casa de Nhozinho, em São Luís, no Maranhão, com sua fachada de azulejos coloniais. Fotografia de 2015.

Representação para fins didáticos. Fonte: Prefeitura de São Luís. Disponível em: <www.saoluis.ma.gov.br/pagina/35/>. Acesso em: outubro de 2017.

1 Discuta com os colegas: Por que é importante preservar o patrimônio de um lugar?

2 Pesquisem e escolham um patrimônio da sua região. Em uma folha à parte, façam uma montagem como a de São Luís, destacando os elementos culturais, históricos ou naturais.

A festa do bumba meu boi é parte do patrimônio imaterial do Maranhão e atrai muitos visitantes a São Luís nos meses de junho e julho. O dia 30 de agosto foi escolhido como o dia do boi. Foto de 2016.

Érica Catarina Pontes/Futura Press

Sunyara Bernardi/Arquivo da editora

1. **Casa de Nhozinho**: sobrado de três andares, com beiral coberto de azulejos franceses. Nesse espaço, é representado o modo de vida dos maranhenses que vivem no interior e no litoral. A casa de Nhozinho está localizada na rua Portugal, que é o retrato urbano do século 19, cheia de prédios coloniais com azulejos portugueses.

2. **Igreja da Sé**: construída por jesuítas, provavelmente com mão de obra indígena, e inaugurada em 1699.

3. **Palácio dos Leões**: construído pelos franceses em 1612, o mesmo ano da fundação da cidade, abriga hoje a sede do governo do estado do Maranhão.

4. **Convento das Mercês**: inaugurado pelo padre Antônio Vieira no ano de 1654 para abrigar a ordem dos mercedários, de origem espanhola. Hoje, abriga a Fundação da Memória Republicana.

Vamos retomar

1 Leia o texto a seguir.

> A cidade era antiga e ficava na beira do mar. Tinha ruas estreitas, igrejas lindas e pracinhas. Tinha lembranças de um tempo de muita riqueza. Tinha fortes que não serviam para mais nada, mas antigamente tinham sido usados para defender a cidade dos ataques de piratas. Tinha casas coloniais de dois andares, com jardins em pátios internos e varandinhas cheias de vasos de flores. [...]
>
> MACHADO, Ana Maria. **De carta em carta**. São Paulo: Salamandra, 2011. p. 4.

a) Quais são as características da cidade descrita no texto?

_____

_____

b) Em uma folha à parte, escreva um texto contando como é a cidade onde você vive.

2 Compare as imagens abaixo.

Reprodução/Fundação Biblioteca Nacional, Rio de Janeiro, RJ.

Acendedor de lampião do século 19. **A iluminação de azeite de peixe**, de José dos Reis Carvalho, 1851 (aquarela, de 17,2 cm × 18,5 cm).

Daniel Cymbalista/Pulsar Imagens

Operários fazendo manutenção da rede elétrica em São Paulo, estado de São Paulo, em 2017.

a) Qual é a profissão retratada na imagem 1? Qual era a função desse profissional?

_____

_____

b) Considere a imagem 2 e explique as mudanças ocorridas nesse tipo de profissão no decorrer do tempo.

Autoavaliação

Terminamos a unidade 2! Leia as frases abaixo e faça um **X** no desenho que melhor expressa sua opinião sobre cada uma delas.

	😃	🤔	😐
1. Reconheço características da população e da identidade das cidades.			
2. Sei apontar alguns problemas causados pelo lixo das cidades.			
3. Conheço exemplos de profissões do presente e do passado.			
4. Entendi que algumas profissões permanecem e outras desaparecem ao longo do tempo.			
5. Tenho noção do significado de patrimônio cultural e sei identificar alguns exemplos na região em que vivo.			

Sugestões

 Para ler

- **A gente pode... com 7 ou 8 anos,** de Anna Claudia Ramos, DCL.

Em uma conversa com a autora, as crianças dizem o que podem e o que não podem fazer com 7 ou 8 anos. As ilustrações são bem-humoradas e o jogo pode/não pode, que acompanha o livro, ajuda a pensar nas regras do dia a dia.

- **Um mundo de crianças,** de Ana Busch e Caio Vilela, Panda Books.

A obra retrata hábitos e apresenta um pouco do universo de crianças que vivem em diferentes lugares do mundo.

Reprodução/Editora DCL

Reprodução/Editora Panda Books

3 Migrações humanas: África, Europa e América

Nesta unidade você vai:

- Conhecer alguns exemplos de migrações humanas.
- Descobrir que o trabalho de pastoreio é muito antigo.
- Compreender as primeiras relações entre portugueses (europeus) e indígenas (nativos).
- Aprender que o Brasil abriga a maior população negra fora da África.
- Conhecer os conceitos de **quilombo** e **quilombola**.
- Reconhecer a importância dos imigrantes que chegaram ao Brasil e aprender sobre migrações ocorridas no território brasileiro.

💬 Observe a pintura e converse com os colegas sobre as questões.

1. Descreva o que você vê nesta pintura.

2. Leia a legenda que acompanha a pintura. Depois, pinte a frase que explica o significado da palavra **emigrar**.

   Sair de um lugar para viver em outro.

   Permanecer no mesmo lugar.

3. Você conhece alguém que tenha vindo de outro país para viver no Brasil? E alguém que tenha vindo de outra cidade brasileira para viver na cidade onde você mora? Em casos afirmativos, conte aos colegas o que você sabe sobre essas pessoas.

Detalhe de **Os emigrantes**, de Antônio Rocco, 1910 (óleo sobre tela, de 190 cm × 210 cm).

Reprodução/Pinacoteca do Estado de São Paulo, São Paulo, SP

Os primeiros deslocamentos humanos

Você sabia que os primeiros seres humanos não tinham moradia fixa? Por que você acha que isso acontecia?

Em um passado muito distante, os seres humanos viviam da coleta de frutas e de raízes da natureza e da caça de animais. Por isso, era necessário se deslocar com frequência para encontrar comida para sua sobrevivência. Isso significa que os primeiros seres humanos eram **nômades**, ou seja, não tinham moradia fixa.

Veja as possíveis rotas percorridas pelo ser humano desde a África até a América.

> **nômade:** que se desloca permanentemente; que não tem moradia fixa.

Os caminhos do ser humano para a América

NAQUET-VIDAL, Pierre; BERTIN, Jacques. **Atlas histórico**: da Pré-História aos nossos dias. Lisboa: Círculo de Leitores, 1987. p. 18; **Atlas histórico escolar**. Rio de Janeiro: FAE, 1991. p. 50.

Ao longo do tempo, os seres humanos passaram a cultivar plantas e a criar animais. Os deslocamentos em busca de comida deixaram de ser necessários. Essa foi uma importante mudança na vida dos seres humanos, que passaram a se fixar perto de rios em busca de terras férteis para realizar a **agricultura**. Foi assim que se formaram as primeiras comunidades.

> **agricultura:** preparo da terra e plantação de legumes e vegetais que podem servir de alimento.

No entanto, apesar de os seres humanos terem deixado de ser nômades, não deixaram de se deslocar em busca de novos territórios e descobertas.

A criação de animais possibilitou o surgimento do pastoreio. Essa atividade consiste em vigiar e conduzir os animais no **pasto**. Ela é muito antiga e ainda é praticada. Ovelhas, cabras, alpacas e lhamas são exemplos de animais que são pastoreados.

> **pasto:** terreno onde os animais são criados e encontram alimento.

Pintura rupestre de mais de 8 mil anos atrás, localizada na Líbia, no continente africano, mostra homens caçando animais.

Pastoras de alpacas na cidade de Cusco, região andina do Peru, América do Sul, em 2015. As alpacas e as lhamas, animais da mesma família do camelo, foram domesticadas há mais de 4 mil anos.

No Brasil, o pastoreio de animais como cabras e bodes é uma tradição muito antiga. Esses animais são resistentes ao clima árido do Sertão nordestino e, por isso, acabam suprindo necessidades básicas nessa região, como: alimento, transporte e comércio. Portanto, o pastor está presente principalmente no Sertão, e sua atividade quase não se modificou ao longo do tempo. Em sua rotina de trabalho, andando de sol a sol, costuma usar um cajado para se apoiar, o que ajuda nas longas caminhadas.

1 Reveja o mapa da página 38 e responda no caderno:

a) De onde partiu o ser humano?

b) No mapa, é possível observar duas rotas. Em sua opinião, como o ser humano se deslocou em cada uma dessas rotas?

c) Onde ele chegou por último?

2 Podemos dizer que o começo da agricultura foi muito importante na história humana? Explique.

....

....

3 Leia o texto e observe a xilogravura.

Tudo se torna um tormento
Se não chove no Sertão,
Secam açudes, riachos
Fazendo rachar o chão.
A lavoura não floresce,
E o nordestino padece
Por falta de água e pão.

A fome se manifesta
Por falta de chão molhado
Não tem milho pra galinha,
Nem pasto verde pro gado.
O sertanejo padece
E às vezes até falece,
De tanto ser **flagelado** [...]

ASSIS COIMBRA. Tempo de seca no Sertão. Narradores de cordel. Disponível em: <http://narradoresdecordel.blogspot.com.br/2011/04/tudo-se-torna-um-tomento-se-nao-chove.html>. Acesso em: novembro de 2017.

Arquivo/Memorial J.Borges

flagelado: vítima de calamidade, catástrofe; aflito, atormentado.

Sertão sem água, de J. Borges, sem data (xilogravura, de 32 cm × 52 cm).

• Qual é o principal problema do Sertão?

....

....

Trocas e conflitos: indígenas e portugueses

🔊 **Ouça**

Pindorama

> Você sabe dizer quem foram os estrangeiros que chegaram ao Brasil em 1500?

Os primeiros portugueses chegaram ao território do atual Brasil há mais de 500 anos. Aqui, eles encontraram os indígenas vivendo no litoral e em parte do interior. Logo se estabeleceu uma relação de troca e, mais tarde, de conflito entre os recém--chegados e os nativos.

Os povos tupis-guaranis e outros povos indígenas tinham amplo conhecimento do ambiente, dos hábitos dos animais e da natureza em geral, da qual tiravam o sustento, remédios e alimentos. Esses conhecimentos, transmitidos pelos indígenas aos portugueses, foram fundamentais para que estes pudessem se adaptar ao novo território.

Alguns exemplos dos hábitos e costumes indígenas absorvidos pelos europeus são: matar a sede com a água encontrada em algumas plantas (como o umbuzeiro e o mandacaru), dormir em redes e fabricar canoas com um único tronco de madeira. Os europeus também aprenderam os caminhos usados pelos indígenas pelo território, além de modos de caçar e pescar e alguns conhecimentos medicinais e agrícolas, como o cultivo da mandioca e do milho e a criação de abelhas produtoras de mel.

Reprodução/Coleção particular

Encontro de índios com viajantes europeus, de Johann Moritz Rugendas, c. 1835 (litografia colorida à mão, de 51,3 cm × 35,5 cm). Os portugueses ofereciam objetos, como ferramentas e armas, aos indígenas, que em troca transmitiam a eles seus conhecimentos da natureza.

Os primeiros contatos entre portugueses e indígenas foram pacíficos, pois funcionavam na base da troca. Os portugueses ofereciam facas, machados e panelas de ferro e, em troca, pediam que os indígenas cortassem e carregassem para os navios a **madeira do pau-brasil**, mercadoria que era muito valorizada na Europa. Os conflitos entre os dois povos começaram quando os portugueses resolveram se fixar no território do atual Brasil e passaram a exigir que os indígenas trabalhassem para eles, tratando-os com desigualdade e violência.

O texto a seguir fala sobre como os portugueses exploravam o trabalho dos indígenas.

> [...] Eles desempenhavam qualquer tarefa que os brancos não queriam executar: portavam cargas nas costas, cuidavam das plantações, remavam no mar e nos rios, caçavam, construíam todo tipo de edificação, de igrejas a fortes ou edifícios públicos, e também embarcações, e ainda ajudavam a lutar contra outros índios. [...]
>
> DEL PRIORE, Mary. **Histórias da gente brasileira:** colônia. São Paulo: Leya, 2016. p. 60.

Como consequência da exploração dos portugueses, muitos indígenas fugiram para regiões distantes no interior do continente ou morreram por causa do trabalho forçado e das doenças trazidas pelos europeus, contra as quais os nativos não tinham proteção.

1 Cite algumas práticas e costumes que os portugueses aprenderam com os indígenas.

_____

_____

_____

_____

2 Releia o texto de Mary Del Priore, nesta página, e sublinhe as tarefas executadas pelos indígenas. Depois, responda: Quem mais se beneficiou no relacionamento entre indígenas e portugueses? Por quê?

_____

_____

_____

3 Desembaralhe as letras e descubra o nome da árvore que ajuda a saciar a sede na floresta.

M U U B E I Z O R

4 Leia a letra da canção e faça o que se pede.

Descobrimento

Caravelas no mar a todo pano,
Terra à vista, a tripulação se assanha,
Cachoeiras jorrando da montanha,
Quanta cor, quanta luz, quanto
[bichano,
Onça, paca, tatu, guará, tucano,
Cobra, mico, jacu, arara, aranha,
Peixe-boi, capivara e ariranha,
Que surpresa pro povo lusitano!
Já valeu tanto tempo no oceano
Pra pisar essa terra que ele banha.

Que riqueza a madeira dessa mata,
Pau-brasil, jatobá e gameleira,
Quanto ouro rolando a ribanceira,
Na pedreira, granito, ferro e prata,
Esmeraldas descendo em corredeira,
A borracha a escorrer da seringueira,
[...]
É tesouro pra encher muita fragata
Na fartura da terra brasileira. [...]

Toquinho e Paulo César Pinheiro. Intérprete: Toquinho.
In: **Mosaico**. [S.l.]: Biscoito Fino, 2005. 1 CD. Faixa 6.

a) Qual é o tema da canção?

b) Sublinhe no texto exemplos das riquezas encontradas na "fartura da terra brasileira".

c) Na sua opinião, o que o autor da canção quis dizer com o verso "Que surpresa pro povo lusitano!"?

Migração forçada e resistência escrava

O Brasil abriga a maior população negra fora do continente africano. Isso acontece porque milhões de africanos foram forçados a **migrar** para cá como **escravos**. Os africanos escravizados eram forçados a trabalhar de diversas formas: em plantações e engenhos de cana-de-açúcar, em plantações de café, carregando pessoas e mercadorias, extraindo ouro na mineração e exercendo vários serviços domésticos. Eles também realizavam trabalhos especializados, como: caldeireiro, barbeiro, sapateiro, açougueiro, marceneiro, pedreiro e muitos outros.

Reprodução/Coleção particular

migrar: mudar de país ou de um local para outro dentro do mesmo país. As pessoas que saem do local onde vivem para se estabelecer em outro são chamadas **emigrantes**; quando chegam ao destino, são consideradas **imigrantes** no novo local.
escravo: pessoa privada de sua liberdade e submetida a trabalho forçado por outra pessoa, a quem pertence como propriedade.

Carruagens e móveis prontos para embarque, de Jean-Baptiste Debret, 1834 (litografia colorida à mão, de 34 cm × 26 cm).

A vida dessas pessoas escravizadas era extremamente difícil. Além de estarem longe de sua terra natal, elas eram obrigadas a se submeter a trabalhos muito pesados, não eram bem alimentadas e os castigos eram frequentes. Por isso, houve resistência durante os mais de trezentos anos de escravidão no Brasil. Essa resistência se manifestava de diferentes formas, como: rebeliões, revoltas e fugas.

As pessoas escravizadas que fugiam se abrigavam em **quilombos** e eram chamadas de **quilombolas**.

> Os agrupamentos de escravos fugidos eram chamados de quilombos, e podiam ter algumas poucas pessoas, dezenas, centenas, ou até milhares de moradores, como chegou a ter Palmares, o maior quilombo que existiu no Brasil e o que mais tempo durou.
>
> MELLO E SOUZA, Marina de. **África e Brasil africano**. São Paulo: Ática, 2012. p. 97.

Principais quilombos no Brasil

Grande parte dos escravizados que fugiram para Palmares e para outros quilombos do Nordeste tinha sido forçada a trabalhar na produção de açúcar. Já em Minas Gerais, muitos dos escravizados que habitavam os quilombos, com destaque para o Quilombo do Ambrósio, trabalharam na mineração.

MOURA, Clóvis. **Os quilombos e a rebelião negra**. São Paulo: Brasiliense, 1981.

Quilombos no Brasil

AMAPÁ
Oiapoque-Calçoene
Mazagão

PARÁ
Alenquer
Óbidos
Alcobaça
Caxiu
Mocajuba

MARANHÃO
Turiaçu
Maracaçumé
Lagoa Amarela
São Benedito do Céu

ALAGOAS
Palmares

OCEANO ATLÂNTICO

GOIÁS
Kalunga

SERGIPE
Capela
Itabaiana
Divina Pastora
Itaporanga
Rosário
Engenho Brejo
Laranjeiras
Vila Nova

MINAS GERAIS
Ambrósio
Campo Grande
Bambuí
Andaial
Sapucaí
Careca
Monte de Angola
Ibituruna

SÃO PAULO
Jabaquara
Atibaia
Campinas
Piracicaba
Morro de Araraquara
Aldeia Pinheiros
Itapetininga
Monjolinho (São Carlos)

BAHIA
Urubu
Jacuípe
Jaguaripe
Maragogipe
Campos de Cachoeira
Orobó, Tupim, Andaraí
Xique-Xique
Buraco do Tatu
Cabula

LEGENDA
— Divisão política atual

ESCALA
0   490   980
Quilômetros

Banco de imagens/Arquivo da editora

1 O que eram **quilombos** e **quilombolas**?

2 Contorne no mapa o Quilombo dos Palmares.

3 Com a ajuda do professor, observe novamente o mapa e responda: Existiam quilombos no estado em que você vive? Em caso afirmativo, cite três exemplos.

4 O Quilombo dos Palmares teve um líder muito importante chamado Zumbi. Ele foi o último líder desse quilombo e até hoje é considerado um símbolo da luta contra a escravidão. No entanto, apesar dos esforços de líderes como ele para extinguir o trabalho escravo, ex-escravizados e seus descendentes não receberam ajuda do governo para se reintegrarem como cidadãos à sociedade brasileira. Ainda hoje, muitas comunidades remanescentes de quilombos lutam pelo direito à terra e pelo reconhecimento de seus ancestrais.

- Com a ajuda de um familiar, faça uma pesquisa sobre a luta das comunidades quilombolas pela posse de suas terras. Anote suas conclusões no caderno e apresente-as para a turma.

Migrações: trabalhadores livres

Você sabe dizer o que aconteceu depois que o trabalho escravo foi extinto no Brasil, em 1888?

Em 1888, o trabalho escravo foi **abolido** por lei. Seu fim chegou depois de um longo processo de luta que contou com a participação de escravizados e de parte da sociedade urbana. Assim, a entrada de imigrantes estrangeiros no Brasil passou a ser importante para as lavouras de café, onde muitos escravizados trabalhavam.

Leia

A viagem

abolir: tornar extinto; anular.

Esses imigrantes eram trabalhadores pobres que chegavam ao Brasil em busca de um pedaço de terra e de uma nova vida com a família. Nesse período vieram para o Brasil italianos, portugueses, alemães, espanhóis e, mais tarde, japoneses. Eles enfrentaram muitas dificuldades, pois precisaram se adaptar ao clima do país e aos costumes dos brasileiros. Para vários deles também foi necessário aprender a língua portuguesa.

Os imigrantes trouxeram com eles novos hábitos, costumes e tradições que, ao longo do tempo, passaram a fazer parte da cultura brasileira. Entre eles, está a prática de algumas artes marciais, uma influência dos imigrantes orientais, como japoneses (judô e caratê) e chineses (*kung fu*).

Marcos André/Opção Brasil Imagens

Agricultores em Sidrolândia, em Mato Grosso do Sul, em 2013. O cultivo de hortaliças no Brasil era bastante comum entre os primeiros imigrantes japoneses e ainda hoje é praticado por algumas famílias descendentes deles.

Migração interna

O Brasil possui um grande território, por isso é natural que parte da população de uma região do país saia para viver em outra. Muitos migrantes partem da cidade onde nasceram em busca de novas oportunidades de trabalho e de melhores condições de vida. Outros saem de onde vivem devido a secas, enchentes, queimadas, etc.

Foi o que aconteceu em 1877 e novamente entre 1888 e 1889, quando um grande número de pessoas migrou para o norte e o sudeste do Brasil, fugindo de um rigoroso período de seca no Ceará (região Nordeste do país). Esses cearenses foram para a Amazônia em busca de trabalho e melhores condições de vida. Foram eles, os trabalhadores nordestinos, que tornaram possível a extração do látex e do cacau na Amazônia, o que acabou gerando muita riqueza e prosperidade à região Norte do Brasil. Conheça a seguir o processo de produção da borracha a partir do látex.

1. Extração do látex da seringueira

A casca da **seringueira**, árvore nativa da Amazônia, é cortada para extrair sua seiva. Uma seringueira produz de 40 a 60 gramas de seiva por dia. Na foto, de 2015, extração do látex em Xapuri, Acre.

2. A transformação do látex

Na indústria, a seiva é processada e, por meio de um processo chamado **vulcanização**, o látex ganha elasticidade e resistência. Na foto, de 2015, indústria de luvas cirúrgicas em Selangor, na Malásia.

3. Da indústria para o comércio

■ • **Elementos não proporcionais entre si**

O látex vulcanizado (**borracha**) é utilizado na fabricação de mais de trezentos produtos, como luvas cirúrgicas, brinquedos e pneus.

1 Leia a tabela com a ajuda do professor.

Principais grupos de imigrantes vindos para o Brasil (1887-1930)	
Nacionalidade	Quantidade
Italiana	1 341 649
Portuguesa	1 097 809
Espanhola	560 539
Japonesa	100 653
Total	**3 100 650**

DEL PRIORE, Mary; VENÂNCIO, Renato. **Uma história da vida rural no Brasil**. Rio de Janeiro: Ediouro, 2006. p. 153.

a) De acordo com a tabela, qual grupo de imigrantes chegou ao Brasil em maior número?

....

b) E qual grupo chegou em menor número?

....

c) Que tipo de contribuição os imigrantes trouxeram para o Brasil? Dê exemplos.

....

....

....

2 Qual árvore é responsável pela produção do látex?

....

3 Complete o texto corretamente utilizando os termos a seguir.

migrar   seca   imigrantes nordestinos   do látex e do cacau

No passado, muitas pessoas tiveram que .... de suas cidades não por vontade própria, mas porque foram impelidos pela .... , que atingiu fortemente parte do Ceará. Em razão disso, esses .... acabaram sendo mão de obra importante na extração .... , que estavam em alta na região da Amazônia.

Preconceito

Biry Sarkis/Arquivo da editora

Preconceito é julgar pessoas ou situações sem ter conhecimento a respeito delas. Um exemplo de preconceito é quando julgamos pessoas diferentes de nós, como os imigrantes, antes de as conhecermos.

Todos os seres humanos são diferentes entre si, mas todos temos as mesmas necessidades: amor, respeito, carinho, compreensão, confiança, solidariedade, cuidado e compaixão. São essas necessidades comuns que permitem nos entendermos com qualquer outro ser humano.

- **Converse com os colegas e o professor: Você já conviveu ou convive com pessoas diferentes de você? Já viajou para outros países ou outras regiões do Brasil e se sentiu diferente? Já manifestou ou sofreu algum tipo de preconceito? Como você se sentiria se sofresse preconceito de alguém?**

Vamos retomar

1 O relacionamento entre os indígenas e os primeiros portugueses que chegaram ao Brasil era de igualdade ou de desigualdade? Explique.

_____

_____

_____

_____

_____

_____

2 Qual é o nome da primeira mercadoria trocada pelos indígenas que interessava aos portugueses no Brasil? Desembaralhe as letras e descubra.

A U P - I R A S B L

_____

3 No passado, como era chamado o local onde os escravizados fugidos se abrigavam?

_____

4 Qual é o nome de um trabalho muito antigo realizado no campo e que hoje permanece quase inalterado em algumas regiões?

_____

5 Pinte os motivos que levam as pessoas a migrar para outros países ou regiões.

| mudanças climáticas | trabalho | melhoria de vida | guerras |

6 Imagine que você precisa emigrar para outro país. Para onde você iria? O que você levaria de mais precioso com você? De quem ou de que sentiria falta? Em uma folha à parte, faça um desenho representando essa situação.

Autoavaliação

Terminamos a unidade 3! Leia as frases abaixo e faça um **X** no desenho que melhor expressa sua opinião sobre cada uma delas.

	😄	🤔	😕
1. Conheci alguns exemplos de migrações humanas.			
2. Aprendi que o trabalho de pastoreio é muito antigo.			
3. Compreendi as primeiras relações entre portugueses (europeus) e indígenas (nativos).			
4. Aprendi que o Brasil abriga a maior população negra fora da África.			
5. Conheci os conceitos de **quilombo** e **quilombola**.			
6. Reconheço a importância dos imigrantes que chegaram ao Brasil e sei que existem migrações ocorridas dentro do território brasileiro.			

Sugestões

 Para ler

- **A viagem**, de Francesca Sanna (texto e ilustrações), Vergara e Riba.

O livro narra a história de uma família que foge de seu país por causa de uma guerra e embarca em uma grande aventura em busca de um novo lar.

Reprodução/Editora Vergara e Riba

Reprodução/Editora Cosac Naify

 Para ouvir

- **Pindorama**, de Luiz Tatit e Sandra Peres, Cosac Naify.

O livro-CD narra a chegada dos portugueses ao território que hoje forma o Brasil, de forma divertida e lúdica, mostrando diferentes pontos de vista desse período.

4 A formação das cidades

Nesta unidade você vai:

- Diferenciar povoado, vila e cidade.
- Conhecer a história das primeiras vilas e da primeira capital do Brasil.
- Reconhecer mudanças ocorridas na cidade onde você mora.
- Organizar dados e inseri-los em ordem cronológica em uma linha do tempo.

💬 Observe as imagens, leia as legendas e converse com os colegas sobre as questões.

1. As duas imagens retratam o mesmo local da cidade de Salvador em épocas diferentes. Que local é esse?

2. Como é possível perceber que houve passagem do tempo entre uma imagem e outra?

3. Desde a sua fundação, a cidade de Salvador passou por muitas mudanças. Você conhece alguma mudança ocorrida na cidade onde você mora?

Reprodução/Coleção particular

1

Em 1873, os irmãos Lacerda constroem o Elevador Lacerda na cidade de Salvador, estado da Bahia. Ele ligava a Cidade Baixa à Cidade Alta e era considerado o mais alto do mundo na época, com 63 metros. Cartão-postal do elevador, de cerca de 1898.

2

Rubens Chaves/Pulsar Imagens

Após sua inauguração, o Elevador Lacerda passou por várias reformas e mudanças, incluindo a construção de uma nova torre em 1930. Fotografia de 2017.

O nascimento da cidade

Em sua opinião, como as cidades são formadas? Todas elas crescem e se desenvolvem do mesmo jeito?

As primeiras cidades da história da humanidade se desenvolveram há mais de 10 mil anos. Isso aconteceu quando pequenos grupos humanos se fixaram em uma região, ou seja, quando deixaram de ser nômades. Com o passar do tempo, foi possível formar um estoque de alimentos, estabelecer o comércio e organizar a divisão de trabalho em um mesmo espaço.

As cidades são diferentes

Existem cidades muito antigas e outras que se formaram há menos tempo. As cidades europeias, como Lisboa (em Portugal), são bem antigas; já as cidades norte-americanas, como Nova York (nos Estados Unidos), são mais recentes.

Há pouco mais de 500 anos, quando os europeus chegaram à América, encontraram povos que viviam em aldeias ou cidades, algumas delas ricas e organizadas, como Tenochtitlán (atual Cidade do México).

Album/Oronoz/Latinstock

Gravura de Braun Georg retratando a cidade e o porto de Lisboa, cerca de 1600.

Vista aérea da Cidade do México, antigamente chamada de Tenochtitlán. Foto de 2017.

Kit Leong/Shutterstock

A formação das cidades no Brasil

Nas terras que hoje formam o Brasil, os portugueses encontraram indígenas em aldeias, vivendo de modo diferente daquele como viviam os europeus. As primeiras cidades do Brasil surgiram anos após a chegada dos portugueses. Inicialmente, essas cidades se localizavam próximo do litoral; depois, começaram a se formar no interior do território.

As primeiras vilas e cidades brasileiras se formaram no litoral porque as mercadorias produzidas no Brasil partiam dos portos para serem vendidas na Europa. Pelos portos, também chegavam as mercadorias vindas de Portugal.

Em locais estratégicos das vilas e cidades litorâneas, fortes eram construídos para facilitar a vigilância dos navios que ali chegavam e proteger a população.

1 **Releia o primeiro parágrafo da página 54. Marque a alternativa que melhor descreve o assunto tratado nele.**

- [ ] Como era o mundo há mais de 10 mil anos.

- [ ] Como os seres humanos permaneceram nômades.

- [ ] Condições que favoreceram o surgimento das primeiras cidades da humanidade.

2 **Leia a afirmativa.**

> Há cidades brasileiras que são mais antigas que Lisboa, em Portugal.

- Essa frase é verdadeira ou falsa? Explique.

_____

_____

_____

_____

_____

_____

3 Encontre e contorne no diagrama abaixo as palavras que correspondem às definições.

1. Região situada à beira-mar.

2. Edificação construída com a intenção de defesa.

3. Lugar na costa ou na margem de um rio onde podem ocorrer o embarque e o desembarque de pessoas e mercadorias.

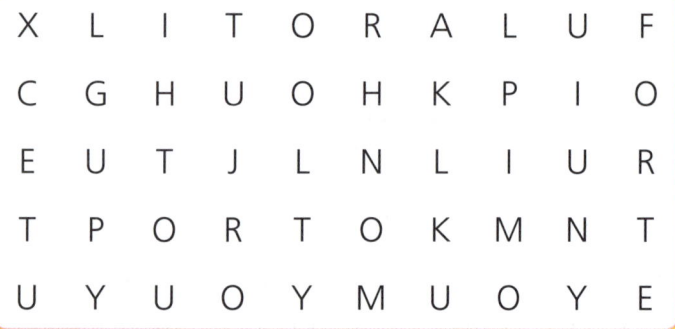

X	L	I	T	O	R	A	L	U	F
C	G	H	U	O	H	K	P	I	O
E	U	T	J	L	N	L	I	U	R
T	P	O	R	T	O	K	M	N	T
U	Y	U	O	Y	M	U	O	Y	E

4 Observe o mapa e faça as atividades no caderno.

Brasil colonial: primeiras vilas e cidades – século 16

OCEANO ATLÂNTICO

Equador

Natal (1599)
Filipeia (1585)
Olinda (1537)
São Cristóvão (1590)
Salvador (1549)
Ilhéus (1536)
Santa Cruz (1536)
Porto Seguro (1535)
Vitória (1551)
Espírito Santo (1551)
São Paulo (1558)
Rio de Janeiro (1565)
Santos (1545)
São Vicente (1532)
Itanhaém (1561)
Cananeia (1600)

Meridiano de Tordesilhas

OCEANO PACÍFICO

LEGENDA
- Cidades ou vilas
- Áreas provavelmente sob a influência de cidades e vilas
- Áreas conhecidas e povoadas de maneira mais ou menos estável, mas sem nenhuma vila ou cidade
- Terras pertencentes à Espanha
- Terras pertencentes a Portugal

ESCALA
0 — 395 — 790
Quilômetros

Banco de imagens/Arquivo da editora

VICENTINO, Cláudio. **Atlas histórico:** geral e Brasil. São Paulo: Scipione, 2011. p. 103.

a) Como os europeus alcançavam o território brasileiro por volta de 1500?

b) Escolha três das palavras abaixo e escreva uma frase explicando a localização das primeiras vilas e cidades brasileiras.

Europa   cidades   litoral   mercadorias

c) Observe o mapa e escreva o nome das duas vilas mais antigas do Brasil colonial.

O desenvolvimento das cidades brasileiras

Um pequeno núcleo de habitantes é um **povoado**.

Quando um aglomerado de população é maior que um povoado e possui alguns estabelecimentos comerciais e de serviços, ele forma uma **vila**. Na época colonial, uma vila tinha de ter a **Câmara Municipal** e o **pelourinho**.

Cidade é a área que concentra uma população maior que a de uma vila, com diferentes atividades e um centro de poder, atualmente representado pela **Prefeitura** e pela Câmara Municipal. O **município** é o espaço correspondente à cidade e à área rural onde ela se encontra.

Câmara Municipal: casa do Poder Legislativo (que elabora as leis) e da fiscalização das ações do Poder Executivo (que administra o município).
pelourinho: coluna de pedra erguida em praça pública onde os considerados criminosos eram exibidos e castigados.
Prefeitura: casa do Poder Executivo (administrativo) de um município; o prefeito e seus funcionários são responsáveis por administrar os recursos do município e atender às necessidades da população, disponibilizando serviços como coleta de lixo, tratamento de esgoto, transporte, saúde, educação e cultura.

Há cidades brasileiras que se desenvolveram aos poucos: começaram como pequenos povoados, foram se transformando em vilas e cresceram até serem consideradas cidades, como é o caso de São Vicente (no litoral de São Paulo), que foi a primeira vila do Brasil, e de Olinda (em Pernambuco).

Outras já foram fundadas como cidades, como Salvador (na Bahia), a primeira capital do Brasil, e Brasília, a atual capital do país.

Câmara Municipal (ao fundo) e pelourinho (em primeiro plano, no centro) em Mariana, Minas Gerais. O prédio começou a ser construído em 1768. Hoje, abriga a Câmara dos Vereadores da cidade. Foto de 2016.

Werner Rudhart/kino.com.br

Vitória: uma vila muito antiga

O primeiro povoado do Espírito Santo começou a se desenvolver na atual Vila Velha. Em 1535, o português Vasco Coutinho desembarcou nessa região para tomar posse das terras que recebera do rei de Portugal. Foi ele que batizou a região de Espírito Santo. O local era constantemente atacado pelos Goitacás, povo indígena nativo que não aceitava a presença dos portugueses.

Os ataques indígenas fizeram com que os portugueses partissem em 1549 para outra localidade próxima que chamaram de Vila Nova do Espírito Santo, enquanto a antiga localidade passou a se chamar Vila Velha.

Em 1551, Vila Nova do Espírito Santo recebeu um novo nome após os portugueses vencerem uma batalha contra os indígenas, passando a se chamar Vitória. Para oficializar a fundação da vila de Vitória, foram construídos uma igreja, um convento, a Câmara dos Vereadores e o pelourinho, que representavam a autoridade do rei de Portugal nas terras brasileiras.

Mais de 250 anos depois, em 1823, a vila foi elevada à categoria de cidade de Vitória, atual capital do estado do Espírito Santo.

O Palácio Anchieta, atual sede do governo do Espírito Santo, foi construído em 1551, ano da vitória da batalha contra os Goitacás, marcando esse acontecimento para a região. Antigamente, havia no local uma igreja chamada igreja de São Tiago, que foi incendiada. Em seguida, foi construída uma nova sede da igreja, que passou a abrigar também o Convento de São Tiago, jesuíta. Foto de 2016.

1 Pinte o esquema abaixo para representar o crescimento de um aglomerado de população.

| Cidade |
| Povoado |
| Vila |

2 Observe a fotografia do Palácio Anchieta na página anterior e leia atentamente a legenda. Agora, responda:

a) O prédio foi construído quantos anos depois da chegada dos primeiros portugueses à região que então passou a ser chamada de Espírito Santo?

....

b) A construção desse prédio religioso marca um importante acontecimento. Explique.

....

....

....

3 E a cidade onde vocês moram? Vocês conhecem a história dela? Façam uma pesquisa para conhecer a história de sua fundação e respondam à pergunta abaixo.

> 📖 **Leia**
>
> Nas ruas do Brás

• A história da fundação de sua cidade tem alguma semelhança com a história da cidade de Vitória? Expliquem.

....

....

....

....

Salvador: a primeira capital do Brasil

Leia

Salvador: a primeira capital do Brasil

Você sabe qual foi a primeira capital do Brasil?

A cidade de Salvador foi fundada por Tomé de Sousa em 29 de março de 1549, na baía de Todos-os-Santos (Bahia), por ordem do rei de Portugal. Para essa missão, uma frota com mais de mil pessoas foi enviada ao Brasil.

As construções iniciais da cidade eram muito simples: quase todas feitas de taipa ou de pau a pique e cobertas de palha. A cidade de Salvador se dividia em duas partes:

- Cidade Alta, onde ficavam os prédios públicos, como o Palácio do Governo e a Câmara dos Vereadores;

- Cidade Baixa, reservada ao porto, ao armazém e ao restante das moradias. Era lá que se concentravam os comerciantes e os marinheiros.

Logo após a fundação de Salvador, uma muralha e vários fortes foram construídos para proteger a cidade dos ataques indígenas e da invasão de estrangeiros. Salvador cresceu rapidamente e, por mais de duzentos anos, foi a capital e a cidade mais importante do Brasil.

Reprodução/Instituto Histórico da Bahia, Salvador, BA.

A baía de Todos-os-Santos, litografia de Albert Dufourcq, de 1782.

1 Observe a seguir fotografias de edificações da cidade de Salvador construídas no período colonial.

Vitor Marigo/Opção Brasil Imagens

Forte Santo Antônio da Barra, em Salvador, Bahia. Foto de 2016.

Rubens Chaves/Pulsar Imagens

Câmara Municipal de Salvador, Bahia. Foto de 2016.

- As edificações das fotos estão relacionadas às funções abaixo. Escreva a letra da imagem que se relaciona à função descrita.

  ☐ Administração da cidade   ☐ Proteção da cidade

2 Como eram as primeiras construções de Salvador?

....

....

3 Como a cidade se dividia?

....

4 Converse com os colegas e o professor: Na época da fundação de Salvador, como você imagina que as pessoas se deslocavam da Cidade Baixa para a Cidade Alta? E como esse deslocamento é feito nos dias de hoje?

5 Preencha os quadrados com a letra inicial de cada figura e descubra o nome do equipamento que no passado levava as mercadorias do porto para a parte alta da cidade de Salvador.

Ilustrações: PriWi/Arquivo da editora

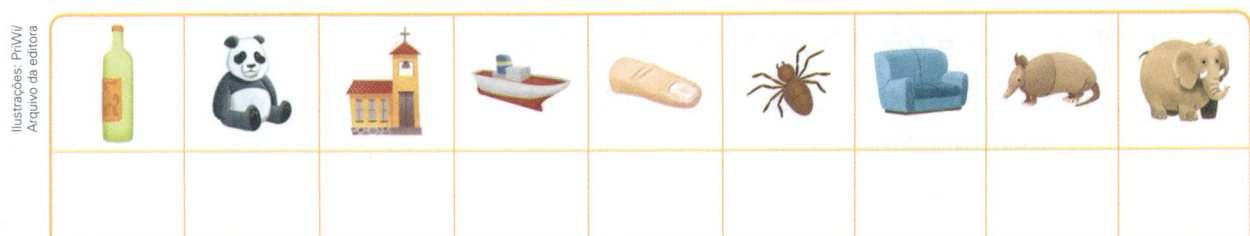

Fazendo História!

Capitais do Brasil

Você sabe o que é uma **linha do tempo**? A linha do tempo é uma forma de registrar acontecimentos de determinado período em uma sequência ordenada. Ela pode ser marcada em meses, anos e **décadas**, por exemplo.

> **década:** período de dez anos consecutivos.

Observe na linha do tempo as cidades que foram capitais do Brasil.

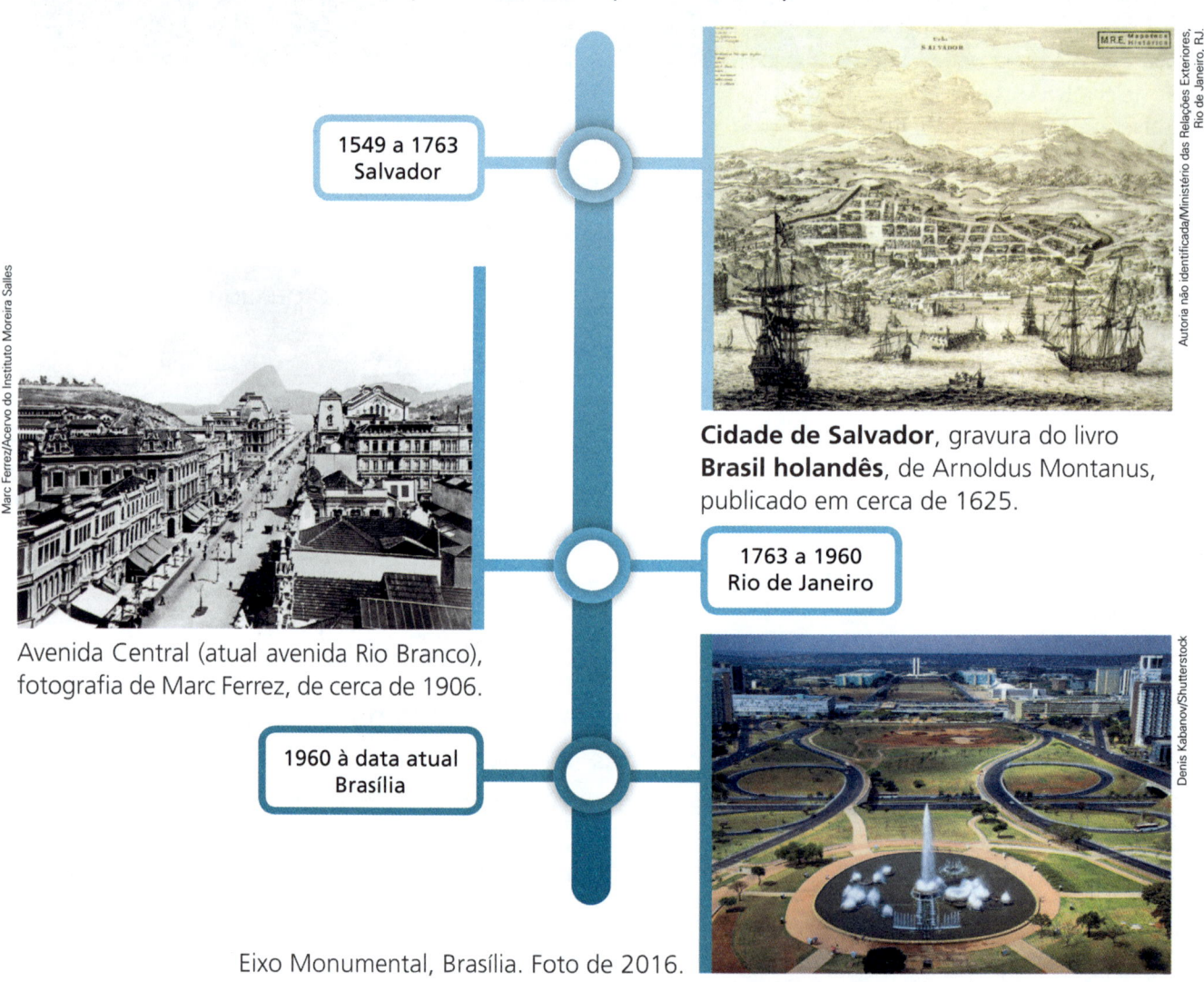

1549 a 1763
Salvador

Cidade de Salvador, gravura do livro **Brasil holandês**, de Arnoldus Montanus, publicado em cerca de 1625.

Autoria não identificada/Ministério das Relações Exteriores, Rio de Janeiro, RJ.

Marc Ferrez/Acervo do Instituto Moreira Salles

Avenida Central (atual avenida Rio Branco), fotografia de Marc Ferrez, de cerca de 1906.

1763 a 1960
Rio de Janeiro

1960 à data atual
Brasília

Denis Kabanov/Shutterstock

Eixo Monumental, Brasília. Foto de 2016.

1 Observe a linha do tempo acima e faça o que se pede.

a) Além do nome das cidades, que outras informações podem ser obtidas nessa linha do tempo?

b) Escreva o nome das cidades que foram capitais do Brasil e o período em que cada uma desempenhou essa função.

....

....

c) Considerando o ano atual, qual das cidades desempenhou a função de capital por mais tempo?

2 Complete a linha do tempo abaixo com o ano de surgimento das primeiras cidades brasileiras.

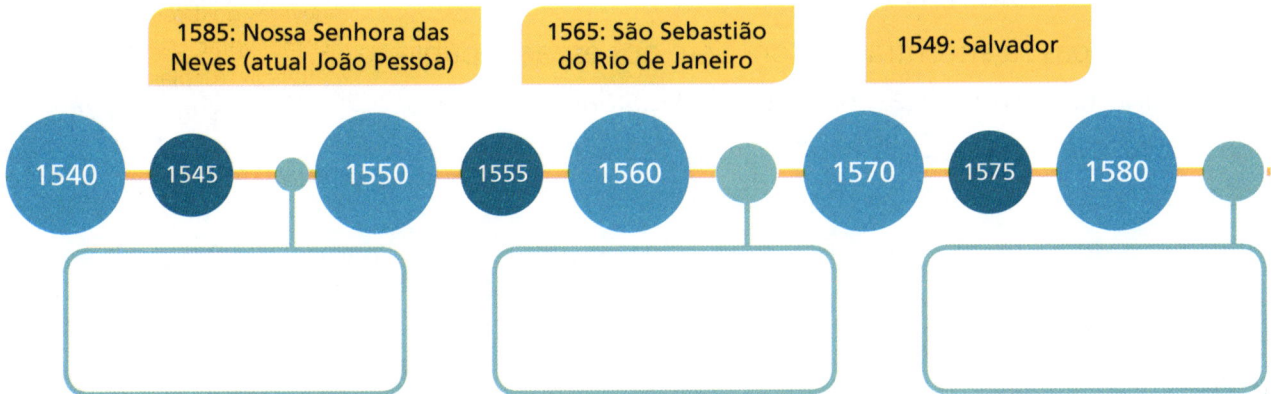

1585: Nossa Senhora das Neves (atual João Pessoa)

1565: São Sebastião do Rio de Janeiro

1549: Salvador

1540 1545 1550 1555 1560 1570 1575 1580

Vamos falar sobre...

Serviço público

Serviços públicos envolvem direitos e deveres dos cidadãos e são prestados à população nas cidades e nos municípios.

São exemplos de serviços públicos: emissão de documentos pessoais (RG, certidão de nascimento, carteira de vacinação); escolas e universidades; hospitais e postos de saúde; coleta de lixo; fornecimento de água e luz; espaços de lazer (teatros, museus, arquivos e bibliotecas); manutenção e cuidado de parques, praças e jardins, entre outros.

Marc Ferrez/Fundação Biblioteca Nacional, Rio de Janeiro, RJ.

Fachada da Biblioteca Nacional, fotografia de Marc Ferrez, 1910. A foto mostra a Biblioteca Nacional do Brasil, no Rio de Janeiro.

• **Discuta com os colegas: Qual é a importância dos serviços públicos para o funcionamento das cidades?**

Conectando saberes

Cidade: espaço de convivência

Na cidade podemos encontrar e nos relacionar com diferentes tipos de pessoa: homens, mulheres, jovens, idosos e crianças. Nesse espaço também encontramos pessoas de diversas etnias, como brancos, negros, orientais e indígenas, e de diferentes condições sociais – dos mais pobres aos mais ricos. Por isso, dizemos que a cidade é um espaço de convivência e de expressão de seus **cidadãos**.

As pessoas se encontram e convivem nos espaços públicos da cidade, como praças, parques, universidades, museus, ruas e avenidas. Ao longo do tempo, elas passam a gostar de frequentar esses lugares e a sentir que são parte deles.

> **cidadão:** habitante da cidade que tem direitos e deveres políticos e sociais, como: votar; usar espaços públicos, escolas e serviços de saúde; pagar impostos; respeitar as regras de convivência, etc.

Observe alguns lugares do centro histórico de Curitiba, capital do Paraná.

Curitiba – Centro histórico

Localizado na travessa Nestor de Castro, o museu não possui portas nem ingresso. É um museu ao ar livre, que pode ser apreciado por qualquer pessoa. Lá encontram-se desenhos, relevos e azulejos do artista local Poty Lazzarotto. Foto de 2015.

Museu ao ar livre

João Prudente/Pulsar Imagens

A rua XV de Novembro é uma das mais conhecidas do centro histórico de Curitiba. Em 1972, parte dessa rua se transformou na rua das Flores, primeiro calçadão de pedestres do país. Foto de 2016.

Rua XV de Novembro (rua das Flores)

Nereu Jr./Pulsar Imagens

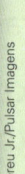

1 Na cidade onde você mora há espaços públicos como os de Curitiba? Quais?

....

....

....

2 Quais espaços públicos de sua cidade você e sua família costumam frequentar? Você se sente parte da cidade quando frequenta esses locais?

....

....

....

Feirinha do largo da Ordem

Todos os domingos, na rua Doutor Claudino dos Santos, acontece a famosa feirinha do largo da Ordem, na qual os moradores se divertem percorrendo as barraquinhas de artesanato, antiguidades, comes e bebes. A feirinha se transformou em um ponto de encontro dos moradores, antes ou depois do almoço de domingo. Foto de 2016.

Nereu Jr./Pulsar Imagens

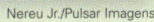

Passeio Público

Banco de imagens/ Arquivo da editora

Nereu Jr./Pulsar Imagens

O Passeio Público é o primeiro parque municipal da cidade, construído em 1886. Nos parques, praças, ruas e avenidas de Curitiba encontram-se bancos, lixeiras, pontos de ônibus, iluminação e sinalização de trânsito, que facilitam o dia a dia na cidade. Foto de 2016.

Representação para fins didáticos. Fonte das informações: <www.curitiba-parana.net/mapas/mapa-turistico.htm>. Acesso em: novembro de 2017.

Vamos retomar

1 Escreva algumas mudanças no modo de vida dos seres humanos que favoreceram a formação das primeiras cidades da humanidade.

....

....

....

2 Marque com um **X** as frases verdadeiras.

☐ As cidades brasileiras cresceram e se desenvolveram da mesma maneira.

☐ As vilas da época colonial deviam ter a Câmara Municipal e o pelourinho.

☐ As primeiras vilas e cidades brasileiras surgiram no litoral.

☐ Vitória, fundada por Vasco Coutinho em 1551, foi a primeira cidade brasileira.

3 Relacione os fatos e os anos considerando o que você sabe sobre o processo de formação das cidades.

| 1534 | 1636 | 1842 |

☐ Elevada à categoria de vila, batizada de Penedo do São Francisco.

☐ Começa a se formar um povoado às margens do rio São Francisco, o primeiro núcleo populacional do atual estado de Alagoas.

☐ No dia 18 de abril, foi elevada à categoria de cidade, passando a ser chamada de Penedo.

4 Em uma folha à parte, construam, com a ajuda do professor, uma linha do tempo com a história da cidade onde vocês vivem. Usem imagens e desenhos para ilustrá-la. Não se esqueçam de escrever as legendas. Depois, exponham a sua linha do tempo na sala de aula.

Autoavaliação

Terminamos a unidade 4! Leia as frases abaixo e faça um **X** no desenho que melhor expressa sua opinião sobre cada uma delas.

	🙂	🤔	😕
1. Sei diferenciar povoado, vila e cidade.			
2. Conheço a história das primeiras vilas e da primeira capital do Brasil.			
3. Reconheço mudanças ocorridas na cidade onde moro.			
4. Aprendi a organizar dados e inseri-los de forma cronológica em uma linha do tempo.			

Sugestões

 Para ler

- **Nas ruas do Brás**, de Drauzio Varella, Companhia das Letrinhas.

  O livro narra as memórias do médico Drauzio Varella, filho de imigrantes que viveu a infância no bairro do Brás, em São Paulo.

Reprodução/Cia. das Letrinhas

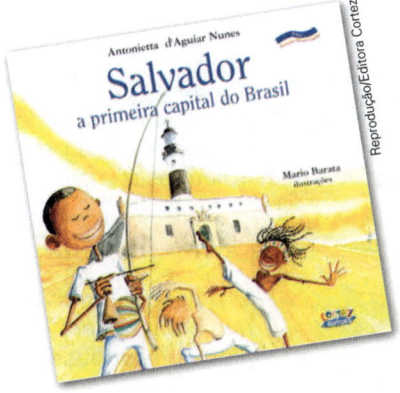

Reprodução/Editora Cortez

- **Salvador: a primeira capital do Brasil**, de Antonietta d'Aguiar Nunes, Cortez.

  O livro conta a história de Salvador, chamada Kirimuré pelos indígenas tupinambás que habitavam as terras antes dos europeus. A cidade foi visitada pelos portugueses pela primeira vez em 1501.

5 Invasões europeias no Brasil

Nesta unidade você vai:

- Conhecer o contexto de fundação da cidade do Rio de Janeiro.
- Entender os motivos pelos quais o território brasileiro era desejado por franceses e holandeses.
- Entender a função dos fortes e das fortalezas na defesa do Brasil no passado.
- Conhecer aspectos da dominação holandesa no Nordeste.
- Perceber mudanças e permanências no desenvolvimento de cidades como Olinda e Recife.

Observe a linha do tempo e a ilustração e converse com os colegas.

1. O que está representado na ilustração?

2. Quem expulsou os povos que, em diversas ocasiões, invadiram o território português na América? Em que ano ocorreu a expulsão?

3. Observe a divisão política atual do Brasil e responda: Que territórios os franceses e os holandeses ocuparam nessas invasões?

1555 — Chegada dos **franceses** à baía de Guanabara, no Rio de Janeiro (antiga capitania de São Vicente)

1567 — Expulsão definitiva dos **franceses** do Rio de Janeiro pelos portugueses

1612 — Chegada dos **franceses** ao norte e ao nordeste, com destaque para o Maranhão

1615 — Expulsão dos **franceses** da região do Maranhão por tropas portuguesas

1624 — Tentativa frustrada dos **holandeses** de invadir o litoral de Salvador

1630 — Conquista bem-sucedida de Recife e Olinda pelos **holandeses**

1654 — Expulsão definitiva dos **holandeses** pelos portugueses

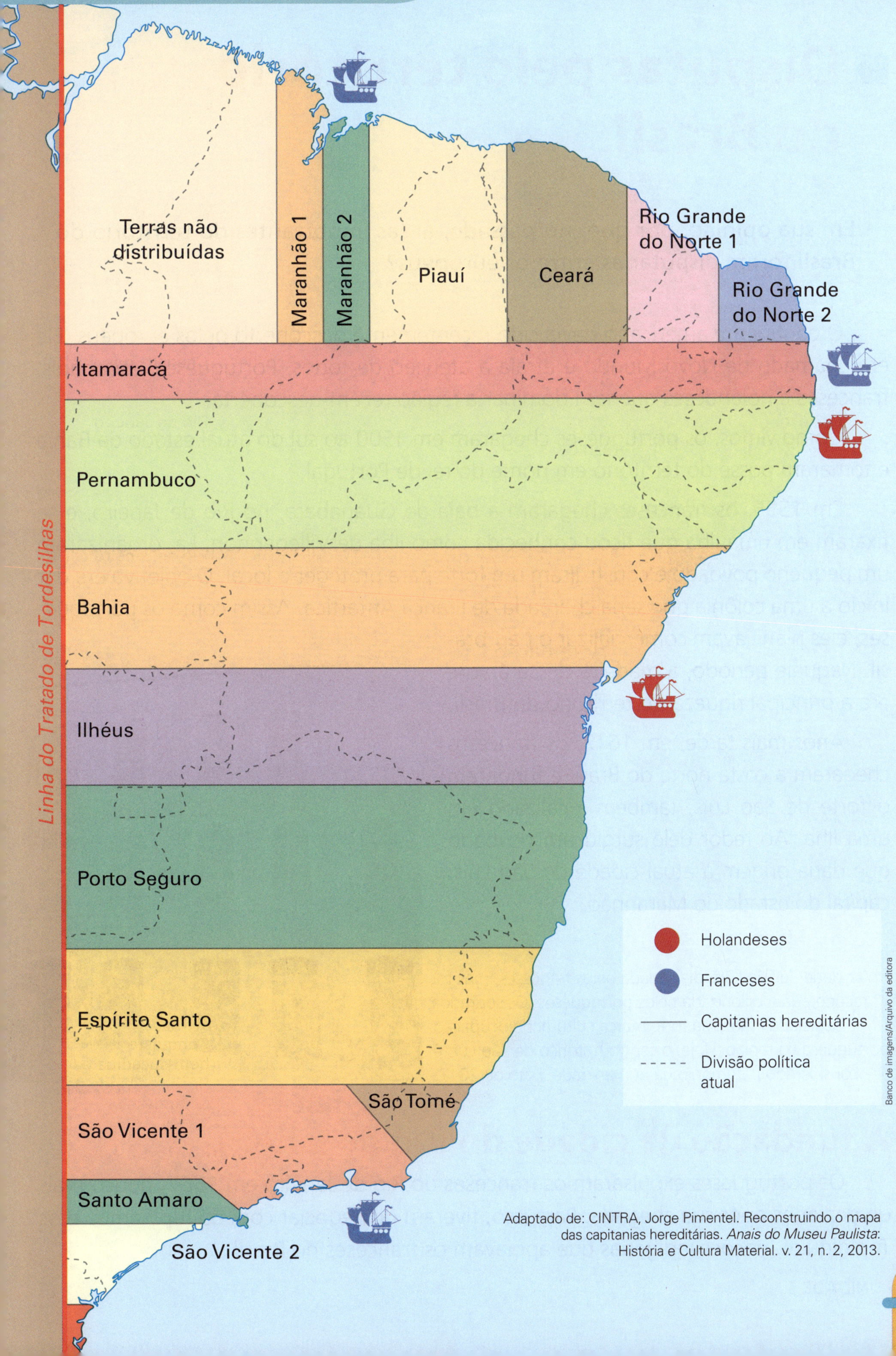

Terras não distribuídas

Maranhão 1

Maranhão 2

Piauí

Ceará

Rio Grande do Norte 1

Rio Grande do Norte 2

Itamaracá

Pernambuco

Bahia

Ilhéus

Porto Seguro

Espírito Santo

São Tomé

São Vicente 1

Santo Amaro

São Vicente 2

Linha do Tratado de Tordesilhas

- Holandeses
- Franceses
- —— Capitanias hereditárias
- ----- Divisão política atual

Adaptado de: CINTRA, Jorge Pimentel. Reconstruindo o mapa das capitanias hereditárias. *Anais do Museu Paulista*: História e Cultura Material. v. 21, n. 2, 2013.

Banco de imagens/Arquivo da editora

Disputas pelo território do Brasil

Em sua opinião, por que, no passado, áreas importantes do território do Brasil foram disputadas entre os europeus?

O continente americano havia sido recentemente descoberto pelos europeus. Ele era chamado de Novo Mundo e atraía a atenção de todos. Portugueses, espanhóis, franceses e holandeses queriam dominar a região recém-descoberta.

Como vimos, os portugueses chegaram em 1500 ao sul do atual estado da Bahia e tomaram posse do território em nome do rei de Portugal.

Em 1555, os franceses chegaram à baía de Guanabara, no Rio de Janeiro, e se fixaram em uma ilha que ficou conhecida como ilha de Villegagnon. Lá, organizaram um pequeno povoado e construíram um forte para proteger o local. O objetivo era dar início a uma colônia que seria chamada de França Antártica. Assim como os portugueses, eles planejavam comercializar o pau-brasil. Naquele período, a madeira dessa árvore era a principal riqueza do território do Brasil.

Anos mais tarde, em 1612, os franceses chegaram à costa norte do Brasil e fundaram o forte de São Luís, também localizado em uma ilha. Ao redor dele surgiu um povoado que daria origem à atual cidade de São Luís, capital do estado do Maranhão.

A cidade de São Luís foi fundada pelos franceses, mas foi recuperada e colonizada pelos portugueses. Os sobrados azulejados são uma forte marca cultural da ocupação portuguesa na região. Hoje, o centro histórico de São Luís é considerado patrimônio da humanidade. Foto de 2017.

Marcio Melo/Fotoarena

A fundação da cidade do Rio de Janeiro

Os portugueses expulsaram os franceses do Rio de Janeiro em 1567, pouco mais de dez anos após sua chegada. Para isso, tiveram de negociar com os Tupinambá e os Tupiniquim, nações indígenas que apoiavam os franceses no Brasil.

Durante esse período de disputas, os portugueses, liderados por Estácio de Sá, fundaram a cidade de São Sebastião do Rio de Janeiro em 1º de março de 1565, entre os morros Pão de Açúcar e Cara de Cão. Essa foi a segunda cidade fundada no Brasil, depois de Salvador, primeira capital do país.

Luciana Whitaker/Pulsar Imagens

Angelo Duarte/Tyba

À esquerda, em foto de 2013, mural que representa a fundação da cidade de São Sebastião do Rio de Janeiro por Estácio de Sá. O mural está na igreja de São Sebastião dos Frades Capuchinhos, à direita, em foto de 2015. O primeiro templo fundado por Estácio de Sá era bastante rústico, feito de pau a pique e coberto de palha.

Segundo estudiosos, a vida cotidiana na cidade era simples e modesta.

> Durante a noite, o carioca tinha seu sono embalado pelo cri-cri dos grilos e coaxar dos sapos nos pântanos, às vezes uma coruja ou o mexer-se no mato de bicho maior. Na aurora, tocavam os sinos da Sé acordando a todos e, ainda de casa, ouviam os gritos na rua de "Yi, yi!" — os índios, com vasos enormes apoiados na cabeça, anunciando em sua língua a água que traziam. Quem podia pagava para encher um panelão, que serviria para lavar mãos, rosto, beber e cozinhar almoço e jantar do dia.
>
> DORIA, Pedro. **1565**: enquanto o Brasil nascia. Rio de Janeiro: Nova Fronteira, 2012. p. 155-156.

1 **Responda às questões no caderno.**

a) Por que os franceses tentaram se instalar no Brasil?

b) Que estratégia os portugueses usaram para expulsar os franceses do Rio de Janeiro?

c) Os franceses desistiram de se instalar no Brasil após sua expulsão do Rio de Janeiro?

2 **Em uma folha à parte, faça uma ilustração baseada no texto desta página que descreve o cotidiano do Rio de Janeiro após a sua fundação.**

Fortes e fortalezas na defesa do Brasil

Holandeses e ingleses também desejavam explorar as riquezas americanas, pois não aceitavam a posse do território pelos portugueses. Por esse motivo, depois da chegada dos portugueses ao território do Brasil, **navios piratas** passaram a ameaçar e invadir vilas e cidades no litoral em busca de mercadorias e riquezas como ouro, madeira e alimentos. A pirataria era uma maneira de protestar contra a posse portuguesa e também de usufruir das riquezas americanas.

> **navio pirata:** embarcação comandada por piratas, pessoas que não respeitam leis ou acordos nacionais e internacionais.

Além dos piratas, indígenas hostis à presença dos colonizadores eram uma ameaça constante.

Devido a esses ataques à população, foram construídos fortes e fortalezas, equipados com poderosos canhões, cuja função era defender vilas e cidades no litoral. Essas construções eram o sistema de defesa da época contra as ameaças externas (os piratas) e internas (alguns grupos indígenas).

Fortaleza é um conjunto de construções sólidas que visa à guarda de uma área. Já o forte é uma estrutura mais simples e com menor poder de fogo. À esquerda, a fortaleza de Santa Cruz, em Niterói, no estado do Rio de Janeiro, em 2015. À direita, detalhe do forte de São João, em Bertioga, no estado de São Paulo, em 2016.

1. Por que centenas de fortes e fortalezas foram construídos no Brasil?

2. De acordo com o texto, onde se localiza a maioria dos fortes e fortalezas no Brasil?

3 Em duplas, observem novamente a imagem da fortaleza de Santa Cruz, na página 72, e leiam o texto a seguir.

> Um vigia está no alto da torre da fortaleza de Santa Cruz. De repente, ele avista navios se aproximando.

- Agora, utilizem o roteiro abaixo como base para a criação de um pequeno texto no caderno.

- Descrevam a situação observada pelo vigia, relatando os sentimentos dele diante da situação.

- Expliquem como ele dá o alerta para o restante dos encarregados da defesa que estão no forte.

- Escrevam um desfecho para a situação.

Vamos falar sobre...

Respeito ao patrimônio histórico

Você já reparou nas construções históricas da cidade onde você mora?

Essas construções nos contam sobre o passado da cidade e são parte da história da comunidade. Construções antigas – como casas, sobrados, pontes, fortes, fortalezas, monumentos, entre outras – são como pedacinhos do passado que permanecem vivos, querendo nos atrair, chamar a nossa atenção para aquele tempo que já se foi, mas que ajudou a construir o presente. O **patrimônio histórico** é parte da memória coletiva e merece todo o nosso respeito.

Turistas em frente ao forte de Santo Antônio da Barra, em Salvador, no estado da Bahia. Foto de 2015.

Gabriel Santos/Tyba

- **Converse com os colegas: Quais construções históricas se destacam na cidade onde você mora? Elas estão preservadas? O que é possível fazer para conservar e divulgar esse patrimônio histórico?**

O Brasil holandês

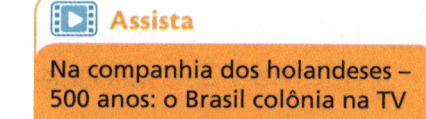 **Assista**

Na companhia dos holandeses – 500 anos: o Brasil colônia na TV

 Em sua opinião, que razões levaram os holandeses a planejar ataques ao território do Brasil?

Os holandeses invadiram o Brasil duas vezes. Na primeira vez, em 1624, ocuparam a cidade de Salvador por um ano. Na segunda, em 1630, estabeleceram-se em Pernambuco e dominaram quase todo o Nordeste brasileiro durante 24 anos.

Nesse período, a capitania de Pernambuco tinha a maior produção de açúcar do mundo. Isso despertou o interesse dos holandeses em invadir e controlar o comércio dessa mercadoria e também o tráfico de escravizados.

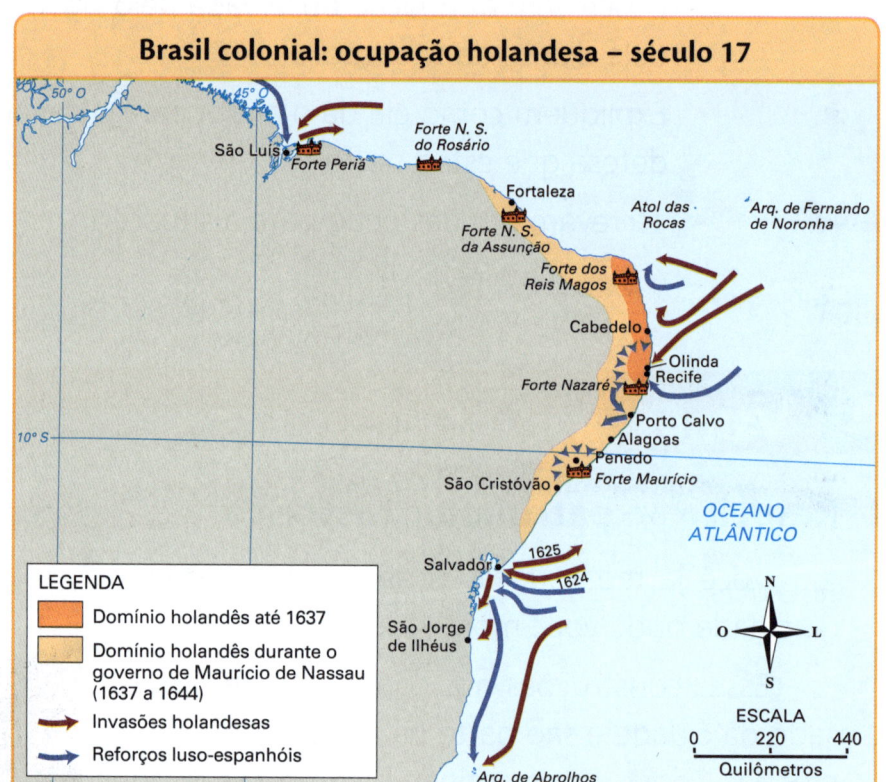

Brasil colonial: ocupação holandesa – século 17

Banco de imagens/Arquivo da editora

LEGENDA
- Domínio holandês até 1637
- Domínio holandês durante o governo de Maurício de Nassau (1637 a 1644)
- Invasões holandesas
- Reforços luso-espanhóis

MORAES, Ana Maria de; RESENDE, Maria E. L. de. **Atlas histórico do Brasil**. Belo Horizonte: Vigília, 1987. p. 26.

Olinda e Recife

Mas como aconteceu a invasão? O que houve com a população que vivia no local?

> O invasor dominava o porto, o mar e a cidade; os colonos luso-brasileiros [...] dominavam o interior, as roças de mantimentos e todo o sistema produtivo. Esse impasse manteve-se até 1632. A partir de então, os holandeses conseguiram romper as linhas da resistência e dominaram todo o nordeste do Estado do Brasil, da foz do rio São Francisco até o Rio Grande.
>
> MOTA, Carlos Guilherme; LOPEZ, Adriana. **História do Brasil:** uma interpretação. São Paulo: Senac, 2008. p. 131.

Por volta dos anos 1600, o porto do Recife era considerado o mais movimentado do Brasil e o povoado que ali se formou tinha cerca de 200 habitantes.

Durante a conquista do território, os holandeses incendiaram Olinda, cidade próxima do Recife onde moravam as pessoas mais influentes da região. O resultado desse episódio foi o crescimento do Recife, que passou a ser a capital da capitania de Pernambuco.

Reprodução/Coleção particular

Vista da cidade Maurícia e do Recife, de Frans Post, 1657 (óleo sobre madeira, de 48,2 cm × 83,6 cm). O artista Frans Post fazia parte da comitiva de Maurício de Nassau e retratou o cotidiano do Recife no século 17. Ao fundo, a cidade Maurícia, símbolo da administração de Nassau.

Maurício de Nassau: um nobre holandês no Brasil

O conde holandês Maurício de Nassau aportou em Recife, no atual estado de Pernambuco, em 1637. Sua missão era governar as terras invadidas pela Holanda. Nassau chegou ao Recife com uma comitiva de homens ilustres, que ajudaram a transformar e a modernizar a cidade, construindo fortalezas, pontes, jardins e palácios. Eles fundaram até uma cidade, chamada Maurícia.

Nassau investiu em melhorias na cidade do Recife: tratou do calçamento de algumas ruas e do saneamento urbano e proibiu que se jogasse lixo nas ruas e bagaço de cana nos rios e açudes, já que os peixes de água doce eram a principal fonte de alimento da população pobre. Em 1644, pressionado pelos holandeses, Maurício de Nassau foi obrigado a voltar para a Europa, marcando o início de um período de guerras contra a dominação holandesa no Brasil. Em 1654, os portugueses e seus aliados indígenas venceram a guerra, pondo fim ao domínio holandês no Nordeste do Brasil.

Invasão holandesa em quadrinhos

Você gosta de ler histórias em quadrinhos (HQs)?

A HQ **Holandeses** retrata o período mais próspero do domínio holandês nas terras que hoje formam o Brasil, durante o governo do conde Maurício de Nassau (1637-1644). Leia um trecho dessa HQ a seguir.

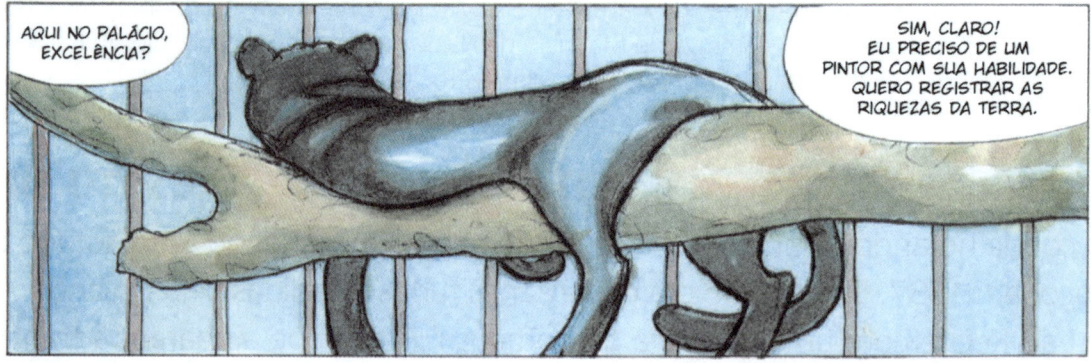

Ilustrações: Reprodução/Editora Veneta

TORAL, André. **Holandeses**. São Paulo: Veneta, 2017. p. 37 e 38.

1 Responda às questões sobre a HQ.

a) Quem é o homem que vive no palácio e é tratado como "Excelência" por Cástor? Explique quem foi esse homem.

....

....

b) Em que momento histórico a HQ se passa?

....

....

....

....

c) Por que Nassau queria contratar o trabalho de Cástor?

2 Observe a pintura **Homem tapuia**, de Albert Eckhout, artista holandês que fazia parte da comitiva de Nassau.

• Essa pintura pode ser considerada uma fonte histórica? Explique.

📖 **Leia**

Cidades e florestas: os artistas viajantes entre os séculos XVII e XIX

Reprodução/Museu Nacional da Dinamarca, Copenhague, Dinamarca.

Homem tapuia, de Albert Eckhout, 1643 (óleo sobre tela, de 2,66 m × 1,59 m).

3 A HQ não termina por aqui! Com os colegas, imaginem um final para essa história e um destino para seus personagens. Em uma folha à parte, criem os diálogos e as ilustrações e apresentem o resultado em sala de aula.

Vamos retomar

1 Franceses e holandeses se interessavam por diferentes produtos brasileiros. Que produtos eram esses?

....

....

2 Ligue o nome das cidades aos seus povos fundadores.

Maurícia •   • franceses

São Luís do Maranhão •   • portugueses

Rio de Janeiro •   • holandeses

3 Qual era a função dos fortes e das fortalezas durante o período colonial?

Fortaleza da Barra do Rio Grande, conhecida como forte dos Reis Magos, em Natal, no estado do Rio Grande do Norte. Sua construção data de 1598. Foto de 2017.

Tales Azzi/Pulsar Imagens

4 Leia o texto e reflita com os colegas.

> Artistas holandeses, como Frans Post e Albert Eckhout, viveram no Brasil no período da dominação holandesa e contribuíram com registros importantes sobre a flora, a fauna e os hábitos e costumes do Brasil nesse período. Esses registros passaram a circular em publicações como livros, mapas e relatórios e, dessa forma, ajudaram a difundir informações sobre o Brasil e seus habitantes no passado.

• Por que é importante preservar esses documentos sobre os holandeses no Brasil?

....

....

Autoavaliação

Terminamos a unidade 5! Leia as frases abaixo e faça um **X** no desenho que melhor expressa sua opinião sobre cada uma delas.

1. Compreendi o contexto de fundação da cidade do Rio de Janeiro.			
2. Entendi os motivos pelos quais o território brasileiro era desejado por franceses e holandeses.			
3. Entendi a função dos fortes e das fortalezas na defesa do Brasil no passado.			
4. Conheci aspectos da dominação holandesa no Nordeste.			
5. Percebo mudanças e permanências no desenvolvimento de cidades como Olinda e o Recife.			

Sugestões

 Para ler

- **Cidades e florestas: os artistas viajantes entre os séculos XVII e XIX**, de Nereide Schilaro Santa Rosa, Pinakotheke.

Reprodução/Editora Pinakotheke

Esse livro discute o desenvolvimento da cultura artística no Brasil e apresenta as obras dos mais importantes artistas viajantes europeus entre os séculos 17 e 19: Frans Post e Albert Eckhout (holandeses), José Joaquim Freire e Joaquim José Codina (portugueses), Nicolas-Antoine Taunay e Jean-Baptiste Debret (franceses).

Para assistir

Reprodução/<www.youtube.com/watch?v=Z6K8HS7TT3c>

- **Na companhia dos holandeses – 500 anos: o Brasil colônia na TV.** TV Escola. Disponível em: <www.youtube.com/watch?v=Z6K8HS7TT3c>. Acesso em: outubro de 2017.

A história do período de invasão e dominação holandesa do Brasil colonial contada por meio de bonecos mamulengos.

6

Lugares de aprender

Nesta unidade você vai:

- Entender a importância de rotinas, normas e regras na vida escolar.
- Reconhecer diferentes tipos de escola como espaços de ensino, aprendizagem e convivência.
- Conhecer e comparar escolas do presente e do passado.
- Reconhecer a importância da fotografia como documento histórico.

Observe as crianças de cada trilha do tabuleiro e converse com os colegas.

1. O que as crianças estão fazendo?

2. Como cada grupo de crianças vai para a escola?

3. Divirta-se e aprenda jogando com os colegas.

ESCOLAR

1 As escolas de hoje são todas iguais?

ANDE UMA CASA.

2

3 Cite uma diferença entre as escolas de hoje e as escolas de seus avós.

AVANCE UMA CASA.

4 ESCOLA

Biry Sarkis/Arquivo da editora

1 Você só aprende na escola. Verdadeiro ou falso?

VÁ PARA A CASA **3**.

2

3 Existe uma lei que obriga os pais a colocar os filhos na escola. Verdadeiro ou falso?

ENTRE NA ESCOLA.

4

1 O que fazem os professores na escola?

AVANCE UMA CASA

2

3 Quais são as tarefas dos alunos na escola?

VÁ PARA A CASA **4**

4

A rotina escolar

▶ **Assista**

Charlie Brown e a turma do Snoopy: vida escolar

● A menina da fotografia está se preparando para quê? Você também faz o mesmo no seu dia a dia?

Todos os dias você tem uma rotina que começa em casa, quando você acorda. Escovar os dentes, tomar banho, comer, arrumar o material, ir à escola e brincar são momentos que fazem parte da rotina da maioria das crianças.

Na escola, você e seus colegas participam de diferentes atividades: têm o momento de estudar e fazer a lição, de brincar, de tomar o lanche, de participar de trabalhos em grupo, entre outros. Todas essas atividades fazem parte da rotina escolar. Algumas acontecem diariamente, outras podem acontecer uma ou duas vezes por semana.

Todos os dias Luana arruma seu material escolar na mochila. São Caetano do Sul, no estado de São Paulo. Foto de 2014.

1 **Quantos dias por semana você vai à escola?**

_____

_____

2 **Em quais dias da semana geralmente você não vai à escola?**

_____

3 **Em qual período do dia você vai à escola?**

_____

4 Numere estes momentos da rotina escolar na sequência em que costumam ocorrer.

☐ saída ☐ entrada ☐ recreio

☐ chamada ☐ estudo

5 Leia os quadrinhos.

SOUSA, Mauricio de. Histórias da Magali. **O Estado de S. Paulo**, 23 de fevereiro de 2013.

- Imagine e escreva uma atividade que a professora Magali pode planejar:

a) entre a chamada e a hora do lanche;

....

b) entre a hora do lanche e a saída.

....

6 Além dos alunos, que outras pessoas participam da rotina escolar?

....

....

....

Tempo de conviver e aprender

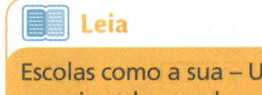

Leia

Escolas como a sua – Um passeio pelas escolas ao redor do mundo

Escola de natação, de dança, de circo, de informática... O que essas escolas têm em comum?

Observe as fotografias desta página e da página ao lado.

Crianças durante aula de informática em escola pública de São José dos Campos, no estado de São Paulo. Foto de 2014.

Mulher adulta da etnia Guarani Mbya transmite seu conhecimento para crianças da aldeia Kalipety, em São Paulo, no estado de São Paulo. Foto de 2017.

As escolas são lugares para ensinar, aprender e viver em grupo. Existem muitos tipos de escola, que se organizam e funcionam de maneira diferente. A cada dia que a criança vai à escola, algo novo acontece: ela faz uma descoberta, participa de uma nova brincadeira, conhece alguém diferente, lê uma história interessante, entre outras atividades.

Algumas regras são necessárias para o bom convívio em qualquer escola. Respeitar essas regras é uma forma de garantir o direito de todos que a frequentam.

Crianças em sala de aula de escola pública em Floresta, no estado de Pernambuco. Foto de 2016.

Crianças aprendendo judô em escola pública de Sumaré, no estado de São Paulo. Foto de 2014.

1 Observe as fotografias das páginas anteriores. Depois, faça o que se pede.

a) O que elas têm em comum?

....

....

b) Cite uma diferença entre as fotografias que chamou sua atenção.

....

....

2 Observe a pintura e faça as atividades.

Aracy/Coleção particular

Meninas do Colégio São Luiz, de Aracy, 2013 (acrílica sobre tela, de 50 cm × 40 cm).

a) O que a pintura representa?

b) Imagine a situação: O professor dessa turma está conversando com duas crianças que desrespeitaram um combinado. Com dois colegas, criem e dramatizem o diálogo dessa situação.

c) Escreva uma regra que foi combinada para:

• a sala de aula em que você estuda;

....

• o recreio da escola em que você estuda.

....

No cotidiano da sala de aula

Na rotina escolar, o **calendário** é um importante instrumento para organizar as tarefas e propor atividades. Na segunda-feira, por exemplo, pode haver aula de Matemática, enquanto Língua Portuguesa está programada para terça-feira e quarta-feira. Quinta-feira é dia de Arte e História. Já na sexta-feira, pode haver uma atividade mais divertida, como contação de história. O fim de semana é o momento de fazer uma revisão do que foi estudado, descansar e brincar.

Cuidar da passagem do tempo também é importante no dia a dia escolar. O relógio marca horas, minutos e segundos e ajuda a organizar a rotina. Assim, é possível programar a duração de cada atividade dentro e fora da sala de aula. Dessa forma, sabemos a hora da entrada, do lanche, da saída e de voltar para casa.

- **Anote no caderno um dia da sua rotina, dividindo a página em horas, minutos e atividades. Veja o exemplo a seguir:**

	6 h 15 – hora de acordar
	8 h 00 – início da aula

Vamos falar sobre...

Desperdício de papel

Você sabia que o papel é o material mais jogado no lixo? Uma enorme quantidade de cadernos, livros usados, jornais e revistas velhos, cartazes, folhetos, caixas de papelão, entre outros materiais, vai para o lixo todos os dias.

- **Reúna-se com os colegas e façam uma lista com ações para reduzir, reutilizar ou reciclar o papel descartado na rotina escolar.**

Sergio Ranalli/Pulsar Imagens

Árvores destinadas à produção de papel, em Ortigueira, no estado do Paraná. Foto de 2016.

Escolas indígenas

As escolas indígenas têm uma rotina um pouco diferente das escolas de quem não é indígena. Nelas, os alunos aprendem a língua indígena de seu povo e também o português. Além disso, aprendem a valorizar os costumes e as tradições, para que eles continuem a existir e possam ser transmitidos de geração em geração.

Indígenas da etnia Kayapó em sala de aula na aldeia Moikarako, em São Félix do Xingu, no estado do Pará. Foto de 2016.

1 Leia o texto abaixo, reproduzido de um livro escolar escrito por professores indígenas do Amazonas. Depois, faça o que se pede.

> Cada um de nós Ticuna pertence a uma nação, nacüã, que em português também se pode chamar clã. Alguns animais e algumas árvores dão nome a essas nações. Assim, as pessoas sabem com quem devem e com quem não devem se casar. As pessoas que pertencem às nações de avaí, jenipapo, saúva, buriti, onça só podem se casar com pessoas que tenham nação de "penas", atchiü, como maguari, mutum, arara, japó ou galinha. Os filhos herdam a nação do pai. Desde o princípio foi assim.
>
> TICUNA. **O livro das árvores**. São Paulo: Global, 2008. p. 20.

Buriti e arara-azul.

a) Sublinhe no texto as palavras que mostram os diferentes nomes das nações indígenas dos Ticuna.

b) Contorne no texto a expressão que indica que os costumes dos Ticuna são passados de geração em geração.

c) Na comunidade onde você vive, também existem costumes ou tradições? Conte alguma aos colegas e ao professor.

Calendário indígena

Os indígenas também usam o calendário para marcar a passagem do tempo. No calendário indígena, os meses estão ligados aos ciclos da natureza, e as estações do ano estão ligadas a atividades como colheita e plantio, por exemplo.

Observe o calendário pataxó, utilizado em escolas indígenas no município de Carmésia, em Minas Gerais.

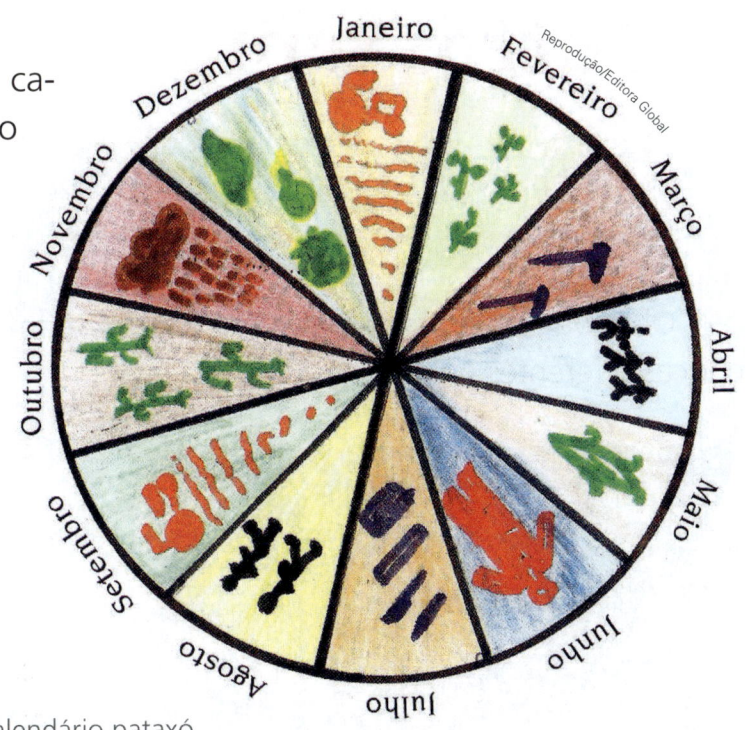

Reprodução/Editora Global

Calendário pataxó.

1 **Com base no calendário pataxó, faça o que se pede.**

a) O que mais chamou sua atenção nesse calendário?

_____

_____

_____

b) A escola em que você estuda marca a passagem do tempo da mesma forma que os Pataxó? Por quê?

_____

_____

_____

_____

c) Elaborem, em uma folha à parte, um calendário escolar destacando as atividades presentes em cada mês do ano. Façam desenhos ou recortem e colem imagens para ilustrar o calendário. Depois, exponham o resultado em sala de aula.

Outros tempos

Na sua opinião, ir à escola também fazia parte da rotina das crianças há cem anos?

Observe as fotografias abaixo. Elas retratam alunos e professores na escola em épocas diferentes.

Reprodução/Acervo da Casa da Memória/Fundação Cultural de Curitiba, Curitiba, PR.

Professores e alunos em sala de aula em Curitiba, no estado do Paraná. Foto de 1909.

Professora e alunos em sala de aula de escola pública no Rio de Janeiro, no estado do Rio de Janeiro. Foto de 1991.

Roberto Valverde/Editora Abril

João Prudente/Pulsar Imagens

Professora e alunos em sala de aula de escola pública em Sumaré, no estado de São Paulo. Foto de 2014.

1 Compare a sala de aula da fotografia 2 com a sala de aula da sua escola. Cite semelhanças e diferenças entre elas.

2 Observe novamente as fotografias da página anterior e responda às questões.

a) O que elas têm em comum?

....

b) Qual delas comprova que nem sempre meninos e meninas estudaram na mesma turma?

....

c) Que elementos da fotografia 3 comprovam que ela retrata uma escola atual?

....

....

3 Leia o depoimento de dona Sylvia Augusta.

> Quando eu frequentava o grupo escolar, usava a **enciclopédia** para fazer as pesquisas. A minha enciclopédia era formada por 12 volumes e ocupava um bom espaço na estante da sala. Meu pai comprou de um vendedor ambulante, que ia de porta em porta.
>
> Naquela época, quem não tinha uma enciclopédia em casa consultava a da biblioteca da escola.
>
> Depoimento de Sylvia Augusta Brasil Corrêa, especialmente para esta obra.

enciclopédia: conjunto de obras que descreve conhecimentos de diferentes áreas.

 a) Entreviste um adulto que tenha frequentado a escola há cerca de 50 anos e anote as respostas no caderno. Siga o roteiro abaixo.

- Como era a sua escola? Sua turma tinha meninos e meninas?
- Você costumava fazer pesquisas quando estava na escola?
- Que materiais você utilizava para pesquisar?
- Como você apresentava o resultado da pesquisa para o professor?
- Você usava algum tipo de material escolar diferente dos usados hoje nas escolas? Qual ou quais?

b) Com a ajuda do professor, escrevam, em uma folha à parte, um texto contando o que descobriram sobre as escolas do passado.

Fazendo História!

Toda escola tem história

As escolas também têm história. Existem escolas muito antigas e outras mais recentes. Algumas são conservadas; outras, reformadas. Mas todas passam por mudanças ao longo do tempo.

Para conhecer os fatos do passado de uma escola, podem ser utilizados registros escritos e fotografias. Antigos alunos e funcionários também podem fornecer informações importantes.

Escola Normal Caetano de Campos, em São Paulo, no estado de São Paulo. Foto de 1954.

O prédio dessa escola, agora ocupado pela Secretaria da Educação do Estado de São Paulo. Foto de 2015.

1 Por meio das fotografias é possível perceber mudanças e permanências nessa escola e em seu entorno. Cite algumas.

2 Que tal conhecer a história da escola em que vocês estudam? O professor organizará a turma em três grupos. Cada grupo fará um tipo de pesquisa:

Grupo 1 – Pesquisa em documentos.

Grupo 2 – Pesquisa de imagens.

Grupo 3 – Entrevista.

Indiquem as fontes utilizadas na pesquisa e façam o que se pede.

a) Com base nos dados que vocês obtiveram na pesquisa, preencham:

Nome da escola: ....

Endereço: ....

....

Data em que foi fundada: ....

b) Colem aqui a foto da escola.

c) Agora, organizem uma exposição contando a história da escola de vocês.

Vamos retomar

1 Leia o texto.

> — [...] Todo dia, todo santo dia: ir pra escola, voltar pra casa, fazer o dever, tomar banho, jantar, dormir, acordar, tomar café, brincar com as mesmas pessoas ou ver tevê, almoçar e... ir pra escola. Todo-dia-todo-dia-todo-dia-todo-dia... Ô, que coisa!
>
> CISALPINO, Murilo. **Tudo está sempre mudando**. Belo Horizonte: Formato, 1998. p. 6.

a) Que palavra corresponde à repetição cotidiana de atividades, como descrito no texto?

b) Destaque no texto as expressões que indicam que as atividades se repetem diariamente.

2 Leia o depoimento de Marisa Ribeiro sobre como era a organização da escola em que ela estudava no momento da entrada dos alunos.

> Entre 1972 e 1974, estudei em um colégio particular de São Paulo. Lembro que, quando eu chegava à escola, tinha que ficar no pátio, na fila dos alunos da minha turma, até o senhor Marino tocar o sino, no alto de uma escadaria, indicando que era hora de irmos para a classe. Uma vez por semana, antes de nos dirigirmos para a classe, cantávamos o hino nacional e a bandeira brasileira era **hasteada**.
>
> Depoimento de Marisa Ribeiro, especialmente para esta obra.

> **hastear:** erguer e prender no topo de uma haste.

- Sublinhe duas regras dessa escola citadas no depoimento.

3 Cite exemplos que mostram diferenças entre as escolas indígenas e as não indígenas.

Autoavaliação

Terminamos a unidade 6! Leia as frases abaixo e faça um **X** no desenho que melhor expressa sua opinião sobre cada uma delas.

	😄	😋	😕
1. Entendo a importância de rotinas, normas e regras na vida escolar.			
2. Reconheço diferentes tipos de escola como espaços de ensino, aprendizagem e convivência.			
3. Conheci e sou capaz de comparar escolas do presente e do passado.			
4. Reconheço a importância da fotografia como documento histórico.			

Sugestões

 ### Para ler

- **Escolas como a sua – Um passeio pelas escolas ao redor do mundo,** de Zahavit Shalev e Penny Smith, Ática.

  Relatos de crianças de mais de 30 países – entre eles, o Brasil – compõem um emocionante panorama do ambiente escolar. Temas importantes, como tecnologia e desigualdades sociais, são apresentados à medida que as crianças contam o seu dia a dia. Ricamente ilustrado.

Reprodução/Ática

Reprodução/<https://www.youtube.com/watch?v=hHLvvk6N2ds>

Para assistir

- **Charlie Brown e a turma do Snoopy: vida escolar**. Disponível em: <www.youtube.com/watch?v=hHLvvk6N2ds>. Acesso em: outubro de 2017.

  A animação dá destaque à rotina escolar, apresentando situações do cotidiano da sala de aula: trabalhos, avaliações, apresentações, etc.

7

Transportes: passado, presente e futuro

Nesta unidade você vai:

- Conhecer meios de transporte tradicionais e modernos e comparar suas características.
- Reconhecer problemas atuais de trânsito.
- Conhecer exemplos de meios de transporte sustentáveis, que contribuem para a preservação do meio ambiente.
- Entender e valorizar o conceito de patrimônio imaterial.

Observe a ilustração e converse com os colegas.

1. Quais desses meios de transporte são utilizados no lugar onde você vive?

2. Que meios de transporte mostrados na ilustração podem ser considerados coletivos? Por quê?

3. De que maneira os meios de transporte contribuem para a vida das pessoas?

OCEANO PACÍFICO

OCEANO ATLÂNTICO

A ilustração foi elaborada para fins didáticos e não representa as proporções reais entre os continentes.

Nik Neves/Arquivo da editora

■ Meios de transporte

📖 Leia

Os transportes

💬 **Você sabe o que são meios de transporte? Na sua opinião, como as pessoas se locomoviam no passado?**

Meios de transporte são recursos usados para transportar pessoas e mercadorias de um lugar para outro. Navios, trens, automóveis, caminhões, aviões e bicicletas são exemplos de meios de transporte.

O transporte rodoviário

Todos os dias, milhões de pessoas e de mercadorias circulam por ruas, avenidas, estradas e rodovias em ônibus, caminhões, motos e carros. O excesso de veículos motorizados nas ruas pode gerar problemas que afetam a qualidade de vida das pessoas, principalmente daquelas que vivem nas cidades. Conheça alguns desses problemas.

Poluição sonora: O ronco de motores, as buzinas, as sirenes e os alarmes podem acarretar problemas à saúde do ser humano e ao meio ambiente.

Congestionamento: O excesso de veículos trafegando nas ruas das grandes cidades faz com que as pessoas gastem muito tempo em seus deslocamentos.

Acidente: Com tantos veículos trafegando no mesmo espaço, os acidentes são mais comuns, representando perigo também para os pedestres.

Poluição do ar: Os veículos circulando liberam gases tóxicos, que poluem a atmosfera.

Raul Spinassé/A Tarde/Futura Press

Congestionamento em avenida na cidade de Salvador, no estado da Bahia, em 2016. Fotos como esta mostram como as cidades concentram uma grande quantidade de veículos motorizados.

1 Que meio de transporte você utiliza para chegar à escola? Assinale abaixo.

Ilustrações: Petra Elster/ Arquivo da editora

☐ bicicleta

☐ carro

☐ *van* escolar

☐ ônibus

☐ trem

☐ carroça

☐ canoa

☐ nenhum (a pé)

- Selecione os quatro meios de transporte mais utilizados pela turma e, com a ajuda do professor, elabore um gráfico de barras com os resultados.

2 Os congestionamentos são comuns no lugar em que você vive? Em caso afirmativo, sugira uma medida para reduzir os problemas causados pelo excesso de veículos no lugar onde você mora.

3 Observe as fotografias.

Bonde circulando nas ruas da cidade do Rio de Janeiro. Há cerca de setenta anos, os bondes eram o principal meio de transporte público de muitas cidades brasileiras. Foto de 2016.

Ônibus circulando nas ruas de São Luís, Maranhão. Por volta de 1950, os ônibus começaram a substituir os bondes no transporte de passageiros. Foto de 2014.

- Converse com os colegas e registre suas conclusões: Por que os ônibus substituíram os bondes no transporte de passageiros nas cidades?

....

....

....

4 As leis de trânsito foram criadas para organizar a circulação de veículos e de pessoas pelas ruas e garantir a segurança de pedestres e de motoristas.

- Em dupla, pesquisem uma lei de trânsito brasileira e anotem abaixo. Depois, compartilhem com os demais colegas.

....

....

....

....

Tropas e tropeiros

Acesse

Museu Virtual do Transporte Urbano

Há aproximadamente dois **séculos**, as pessoas e as mercadorias eram transportadas de outras formas. Percorrer o território brasileiro era uma tarefa difícil, lenta e cheia de perigos, pois havia muitas matas e florestas e poucos caminhos abertos.

O meio de transporte de mercadorias mais usado nesse período eram as tropas de mulas. Elas eram conduzidas por **tropeiros**, homens que percorriam os povoados e as vilas levando e trazendo notícias e transportando e vendendo mercadorias essenciais para o dia a dia, como alimentos, tecidos, ferragens, animais, entre outras.

Nas vilas e cidades, locomover-se também não era tarefa fácil, uma vez que as ruas, vielas e calçadas eram estreitas e irregulares. A **elite** era transportada em **cadeiras de arruar**, carregadas por pessoas escravizadas. Esse transporte era restrito a poucos; a maioria das pessoas andava a pé.

> **século:** período de cem anos.
> **elite:** minoria que possui prestígio e domínio sobre o grupo social.

Reprodução/Coleção particular

Carvão, de Jean-Baptiste Debret, 1834-1839 (litografia colorida à mão, de 49 cm × 34 cm). Essa gravura representa um tropeiro e suas mulas de carga.

Reprodução/Fundação Biblioteca Nacional, Rio de Janeiro, RJ.

Dama de muito prestígio levada em cadeirinha de luxo, de Carlos Julião, cerca de 1780 (aquarela, de 45,5 cm × 35 cm).

1 Escreva uma frase com as seguintes palavras:

tropas   transportando   mercadorias   território

....

....

2 Que tipo de dificuldades você imagina que as tropas enfrentavam em seu percurso?

A chegada da ferrovia

A primeira ferrovia foi construída no Brasil há mais de 150 anos. O trem permitiu a circulação de mercadorias e de pessoas de forma mais rápida, eficiente e segura. Ainda hoje o trem é considerado um meio de transporte muito importante. Observe a evolução de locomotivas e trens na imagem desta e da próxima página.

1 Com a ajuda do professor, faça um gráfico de barras que mostre o aumento da velocidade desde o primeiro modelo de locomotiva até os trens atuais.

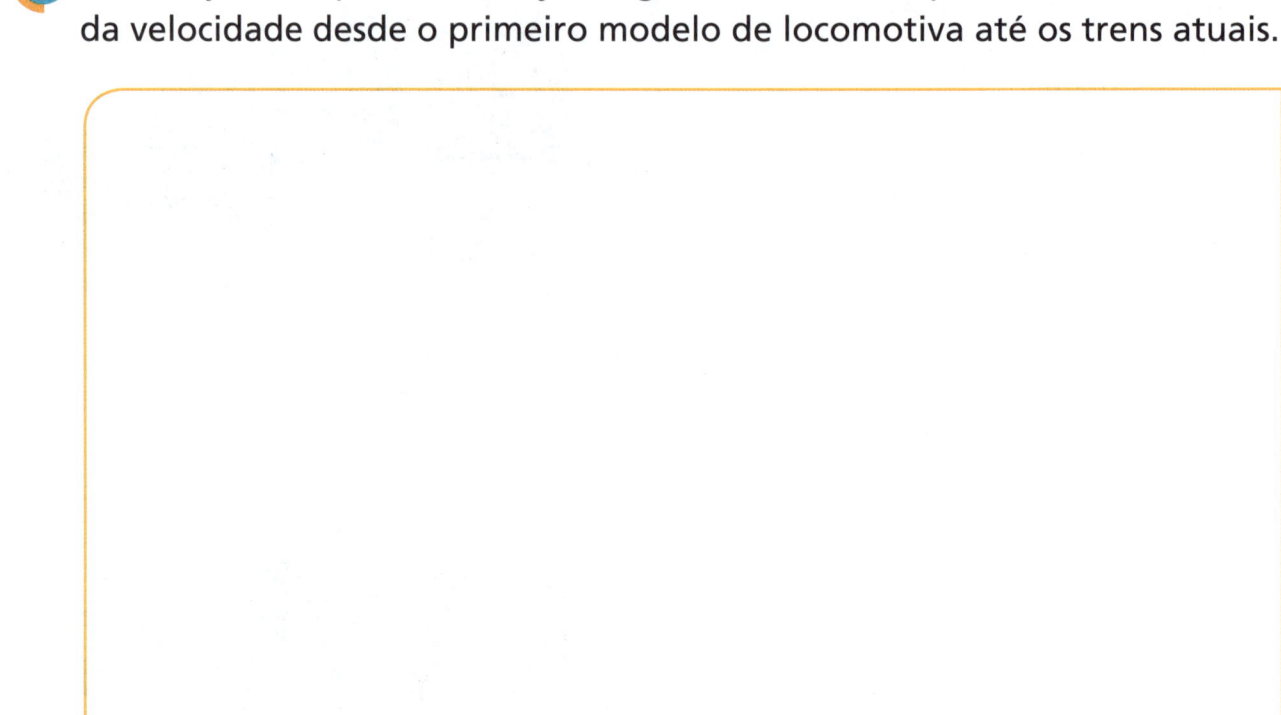

Evolução de locomotivas e trens

Locomotiva a vapor: foi inventada em 1814. Sua velocidade era de aproximadamente 6,4 km/h.

Locomotiva elétrica: lançada em 1879, era ligada à rede eletrificada que ficava acima do trem ou em um trilho especial. Ela se movia a 13 km/h.

Locomotiva a *diesel*: surgiu em 1902 e aos poucos foi substituindo outros modelos de locomotiva. Chegava a 100 km/h.

2 Leia a reportagem.

> ## Viagem ao passado do trem
>
> No dia 30 de abril de 1854, o Brasil ganhava sua primeira ferrovia: a Imperial Companhia de Navegação a Vapor e Estrada de Ferro de Petrópolis, hoje conhecida como Estrada de Ferro Mauá, que tinha 14,5 quilômetros de extensão e ligava o Porto de Mauá a Fragoso, no Rio de Janeiro. [...]
>
> Durante as viagens, os vagões eram puxados por uma locomotiva movida a vapor, chamada de "maria-fumaça" por causa da nuvem que se formava quando ela estava em funcionamento. [...]
>
> Viagem ao passado do trem. Em: Blogue do Rex. **Ciência Hoje das Crianças**, fevereiro de 2013.
> Disponível em: <http://chc.cienciahoje.uol.com.br/viagem-ao-passado-do-trem>.
> Acesso em: outubro de 2017.

a) Qual é o tema da reportagem?

....

b) Como funcionava o trem?

....

....

c) Quantos anos após sua invenção a locomotiva a vapor chegou ao Brasil?

....

d) Esse tipo de trem ainda é utilizado? Explique.

3 Escreva no caderno as vantagens do transporte por trens comparado ao realizado por tropas de mulas.

Fonte das informações: Regina Perez. Inventário das locomotivas a vapor no Brasil. Disponível em:
<www.revistaferroviaria.com.br/memoriaferroviaria/arquivo/invetario_locomotivas.pdf>. Acesso em: outubro de 2017.

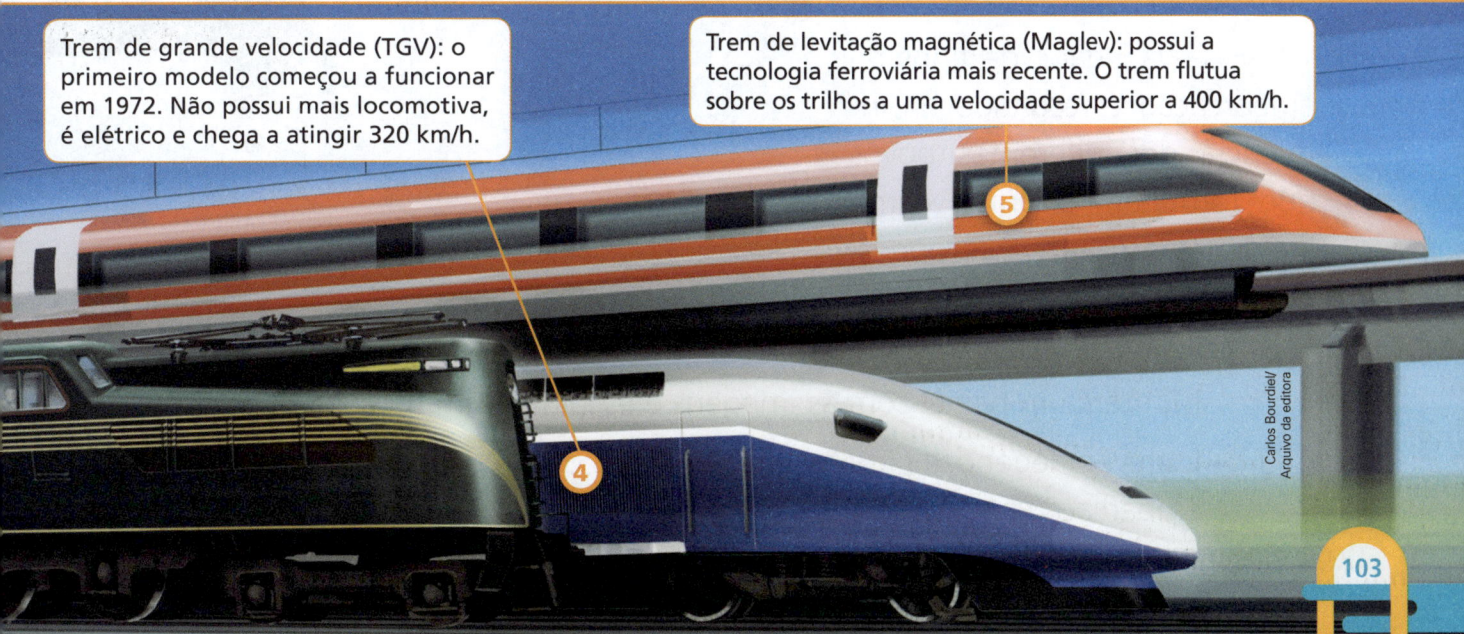

Trem de grande velocidade (TGV): o primeiro modelo começou a funcionar em 1972. Não possui mais locomotiva, é elétrico e chega a atingir 320 km/h.

Trem de levitação magnética (Maglev): possui a tecnologia ferroviária mais recente. O trem flutua sobre os trilhos a uma velocidade superior a 400 km/h.

Carlos Bourdiel/ Arquivo da editora

Pelos ares e mares

Em sua opinião, que tipo de transporte polui menos o meio ambiente?

Além dos transportes ferroviário e rodoviário, o Brasil possui os transportes aéreo e aquático, representados por veículos que se deslocam respectivamente no ar, como os aviões, e na água, como as embarcações.

O transporte aquático

No Brasil existem diferentes tipos de embarcação: canoa, jangada, saveiro, bote, chalana, traineira e baleeira. Cada um deles tem sua função: uns são utilizados na pesca; outros, no turismo, no transporte de carga ou de passageiros.

A canoa, por exemplo, é um meio de transporte muito antigo, usado nos mares e rios brasileiros. Ela costuma ser utilizada para transportar pessoas e também para a prática da pesca artesanal – que é aquela feita com o trabalho das mãos do ser humano.

Essa variedade de tipos de embarcação é resultado da influência dos diferentes povos que formaram o Brasil, como indígenas, africanos e europeus.

Chalana no rio Negro, em Manaus, no estado do Amazonas. Foto de 2015.

Pesca artesanal em canoa, na Reserva de Desenvolvimento Sustentável Mamirauá, em Tefé, no estado do Amazonas. Foto de 2017.

1 Pesquisem imagens de tipos de embarcação utilizados no Brasil.

a) Montem um painel com as imagens e escolham um título para ele.

b) Escrevam legendas para as imagens com o nome e a função de cada tipo de embarcação.

O transporte aéreo

No passado era comum as pessoas viajarem de navio quando queriam ir a lugares distantes. A viagem da Europa ao Brasil, por exemplo, durava meses.

Voo do 14-Bis, em Paris, em 23 de outubro de 1906. Santos Dumont foi um dos principais responsáveis pelo desenvolvimento da aviação.

Atualmente, para transportar mercadorias e pessoas por longas distâncias, também é utilizado o avião, que é um meio de transporte rápido. Uma viagem de avião do Brasil à Europa leva apenas algumas horas.

Em 1906, o brasileiro Alberto Santos Dumont realizou o primeiro voo a bordo do avião 14-Bis, um dos primeiros modelos de avião construídos por ele. Muitos consideram esse o primeiro voo bem-sucedido de um aparelho mais pesado do que o ar.

1 **Há quantos anos o 14-Bis fez seu primeiro voo?**

a) Qual é a principal vantagem e a principal desvantagem do avião em relação ao navio?

....

....

b) Por que o brasileiro Santos Dumont é conhecido como "o pai da aviação"?

....

....

Vamos falar sobre...

Transporte sustentável

O transporte sustentável é aquele que consegue transportar o maior número de pessoas causando o menor impacto possível no meio ambiente. Ou seja, ele usa uma quantidade menor de recursos naturais, emite menos poluentes e reduz o congestionamento nas cidades. Será que isso é possível?

Os **veículos movidos a eletricidade**, como ônibus e carros elétricos, não soltam gases poluentes. Eles funcionam com baterias que precisam ser recarregadas em postos especiais.

- **Discuta com os colegas: Os veículos elétricos agridem menos o meio ambiente do que os veículos convencionais? Por quê?**

Fazendo História!

Canoa caiçara: patrimônio imaterial

Patrimônio imaterial são os saberes e os fazeres transmitidos de geração em geração. O modo de construir um objeto, as danças, as festas e as receitas tradicionais brasileiras fazem parte do nosso patrimônio imaterial.

A canoa caiçara, de origem indígena, é bastante utilizada na pesca, no esporte ou no transporte de pessoas no litoral sudeste do Brasil e faz parte do patrimônio imaterial brasileiro.

Pescador em canoa caiçara na região da foz do rio de Contas, em Itacaré, no estado da Bahia. Foto de 2016.

Esse tipo de embarcação tradicional é feito de um único tronco de árvore (por exemplo, cedro e guapuruvu) esculpido por um mestre canoeiro, que domina essa técnica de construção muito antiga e a ensina aos mais jovens.

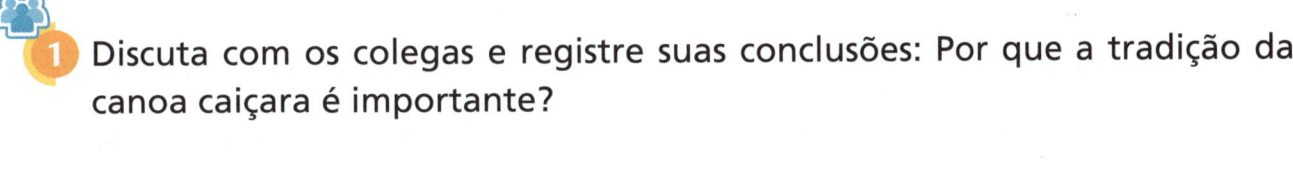

1. Na linguagem caiçara, "tirar uma canoa" significa construir utilizando a técnica de construção da canoa caiçara.

2. A canoa começa a ser esculpida no próprio local de onde a madeira é retirada, com instrumentos simples, como a plaina e o martelo.

3. Depois ela é "puxada" para o local onde continuará a ser esculpida até tomar a forma final. Por fim, é pintada com cores vivas.

Edson Sato/Pulsar Imagens

Caiçara retira água de canoa que foi esculpida na mata e que será levada até a encosta, para que seja finalizada e lançada ao mar. Parati, no estado do Rio de Janeiro, em 2016.

1 Discuta com os colegas e registre suas conclusões: Por que a tradição da canoa caiçara é importante?

_____

_____

_____

2 Em uma folha à parte, desenhe as etapas de construção da canoa caiçara. Escreva uma legenda para cada desenho usando as palavras **antes**, **durante** e **depois**.

3 Pesquise alguns exemplos de patrimônio imaterial na sua região e compartilhe o resultado de sua pesquisa com os colegas.

Vamos retomar

1 Observe o gráfico.

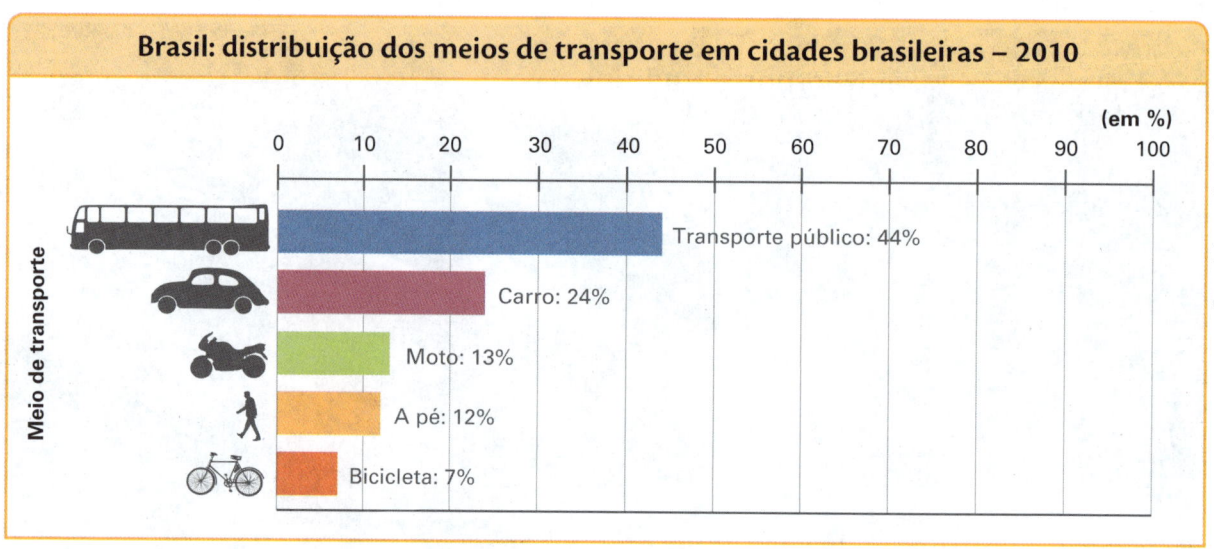

Brasil: distribuição dos meios de transporte em cidades brasileiras – 2010

Dados do Ipea, Sips, 2010, aproximados para fins didáticos. Disponível em: <www.ipea.gov.br/portal/images/stories/PDFs/SIPS/110124_sips_mobilidade_apresentacao.pdf>. Acesso em: outubro de 2017.

Banco de imagens/Arquivo da editora

a) Que tipo de transporte é o mais utilizado no Brasil?

....

b) De 100 pessoas, quantas utilizam o carro como meio de transporte?

....

c) Assinale os tipos de transporte público que circulam no local em que você vive.

☐ ônibus   ☐ lotação   ☐ canoa   ☐ metrô

☐ trem   ☐ carro de boi   ☐ bicicleta   ☐ outros

d) Com base nos dados do gráfico, qual é o meio de transporte menos utilizado nas cidades brasileiras? Formule uma hipótese para explicar esse fato.

....

....

....

Autoavaliação

Terminamos a unidade 7! Leia as frases abaixo e faça um **X** no desenho que melhor expressa sua opinião sobre cada uma delas.

	😄	🤔	🙁
1. Conheci meios de transporte tradicionais e modernos e sei comparar suas características.			
2. Reconheço alguns problemas atuais de trânsito.			
3. Conheço exemplos de meios de transporte sustentáveis, que contribuem para a preservação do meio ambiente.			
4. Entendo e valorizo o conceito de patrimônio imaterial.			

Sugestões

Para ler

- **Os transportes**, de Michèle Longour, Salamandra. (Coleção Criança curiosa). Tradução: Yuri dos Anjos.

O que fazer para um passeio de bicicleta ser muito mais legal? Quem inventou a roda? Qual é a maneira mais rápida de se chegar a um destino? Como serão os transportes do futuro? Essas e outras questões são discutidas nesse livro.

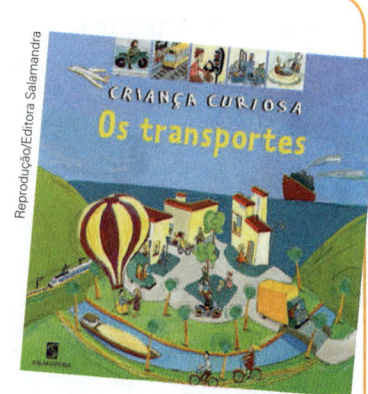

Reprodução/Editora Salamandra

Para acessar

- **Museu Virtual do Transporte Urbano**. Disponível em: <www.museudantu.org. br>. Acesso em: outubro de 2017.

Esse museu virtual apresenta, de maneira didática e por meio de imagens e textos curtos, a evolução histórica dos meios de transporte no Brasil e no mundo.

Reprodução/<www.museudantu.org.br>

8

Cotidiano indígena

Nesta unidade você vai:

- Conhecer algumas características das culturas indígenas.
- Entender como os indígenas se relacionam com o trabalho e com a natureza.
- Reconhecer o direito dos indígenas à terra.
- Conhecer aspectos do cotidiano nas aldeias indígenas.
- Identificar alguns jogos e algumas brincadeiras que divertem as crianças indígenas.

Observe as fotografias, converse com os colegas e responda às questões.

1. É correto afirmar que os indígenas são um único povo? Por quê?

2. Onde vivem os povos indígenas no Brasil?

3. Que costumes e atividades indígenas aparecem nas imagens?

Indígena kalapalo em atividade de pesca com arco e fecha, na aldeia Aiha, no estado de Mato Grosso. Foto de 2011.

Fabio Colombini/Acervo do fotógrafo

Edson Sato/Pulsar Imagens

Preparativos para uma assembleia yanomami, realizada na aldeia do Demini, no estado do Amazonas. Foto de 2012.

3

Crianças yawalapitis brincam nas comemorações do quarup, no Parque Indígena do Xingu, no estado de Mato Grosso. Foto de 2016.

Luciola Zvarick/Pulsar Imagens

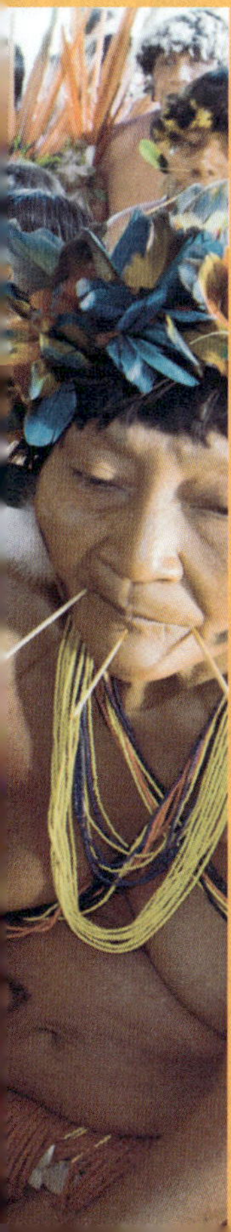

Fabio Colombini/Acervo do fotógrafo

4

Crianças da etnia Guarani Mbya durante apresentação de coral na aldeia Kalipety, no estado de São Paulo. Foto de 2017.

Os indígenas do Brasil

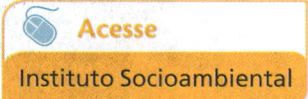

Acesse

Instituto Socioambiental

O que você sabe sobre os povos indígenas do Brasil? Como eles vivem? Cite alguns nomes de povos indígenas brasileiros que você conheça ou de que faça parte.

Existem diferentes povos indígenas no Brasil. São cerca de 896 mil indivíduos que vivem principalmente em **Terras Indígenas**. Apesar de estarem presentes em quase todos os estados do país, a maioria se concentra nas regiões Norte e Centro-Oeste.

> **Terra Indígena:** área habitada permanentemente por indígenas e utilizada para atividades produtivas, sempre preservando os recursos ambientais de acordo com os costumes e as tradições da etnia.

Os indígenas brasileiros formam aproximadamente 240 povos ou etnias, que falam mais de 180 línguas diferentes, têm uma cultura rica e diversificada e procuram preservar suas tradições.

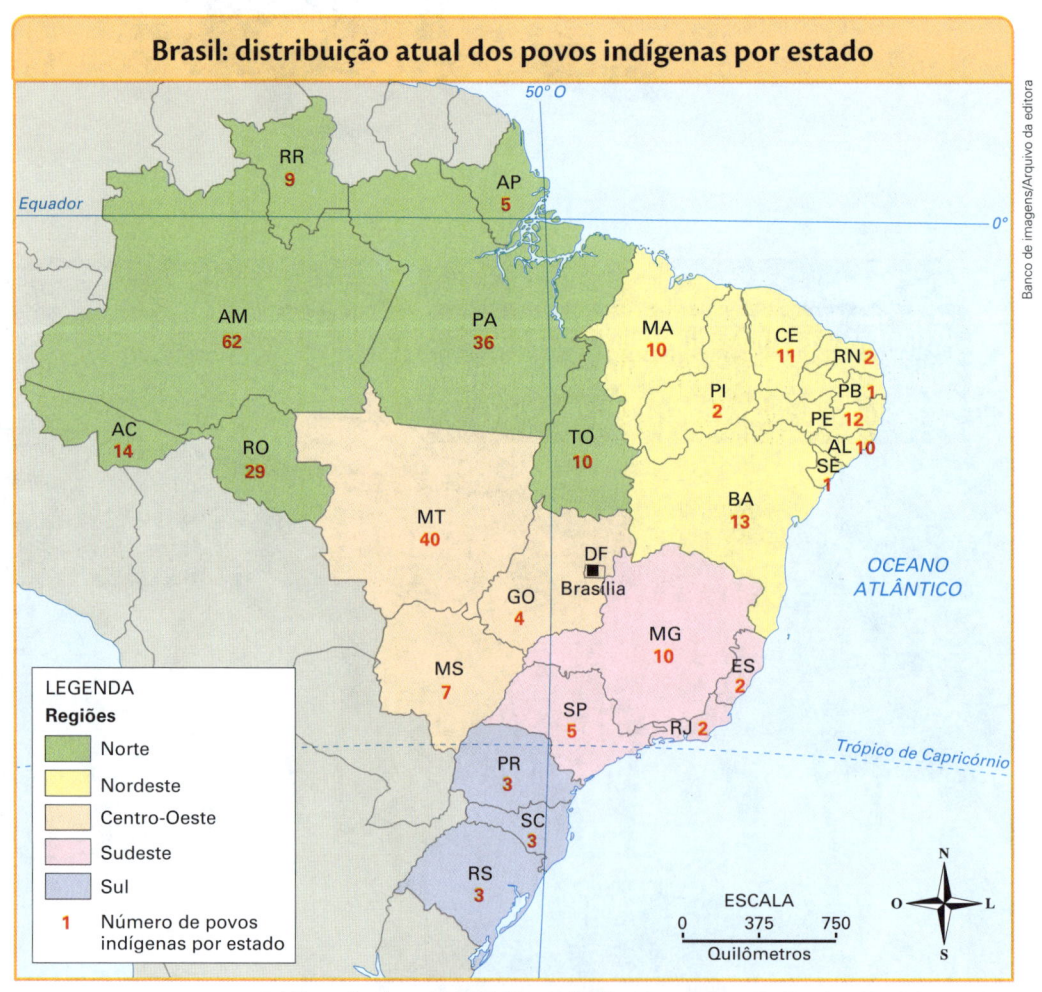

Brasil: distribuição atual dos povos indígenas por estado

LEGENDA

Regiões
- Norte
- Nordeste
- Centro-Oeste
- Sudeste
- Sul

1 Número de povos indígenas por estado

ESCALA
0 — 375 — 750
Quilômetros

Instituto Socioambiental. **Povos indígenas no Brasil**. Quadro geral dos povos. Disponível em: <https://pib.socioambiental.org/pt/c/quadro-geral>. Acesso em: outubro de 2017.

1 Assinale **V** para as frases verdadeiras e **F** para as falsas.

☐ Há povos indígenas em quase todos os estados brasileiros.

☐ A maioria dos povos indígenas vive nas cidades brasileiras.

☐ Todos os povos indígenas falam a mesma língua.

☐ Yanomami, Kalapalo, Yawalapiti e Guarani Mbya são povos indígenas com diferentes culturas.

2 Observe a fotografia.

Delfim Martins/Pulsar Imagens

Vista aérea da aldeia Moikarako, território indígena kayapó, em São Félix do Xingu, no estado do Pará. Foto de 2016.

- O lugar onde você vive é parecido com o local mostrado na fotografia ou é diferente? Explique.

3 Observe o mapa da página 112 e faça o que se pede.

a) Marque de vermelho o estado que reúne o maior número de povos indígenas.

b) Marque de azul os estados que reúnem o menor número de povos indígenas.

c) Troque as siglas dos estados indicados abaixo por seus nomes e coloque-os em **ordem crescente**, conforme o número de povos indígenas. Se necessário, consulte o mapa.

| PE (12) | PA (36) | AM (62) | RO (29) | MT (40) |

O trabalho indígena

Os indígenas trabalham diariamente para garantir a sua sobrevivência. Entre as atividades que realizam, podemos destacar: pesca, caça, plantio, coleta de frutos na floresta, busca de lenha para o fogo, preparo dos alimentos, construção de moradias e confecção de utensílios, redes, arcos, flechas e cestos.

Indígenas em colheita de mandioca na aldeia Araiô, território indígena ikpeng, Feliz Natal, no estado de Mato Grosso. Foto de 2016.

Trabalhar respeitando a natureza

Os povos indígenas retiram da natureza o necessário para a sua sobrevivência e usam os recursos naturais de forma sustentável. Um exemplo é o modo como lidam com a terra. Uma vez por ano derrubam uma pequena área de floresta para plantar. As árvores derrubadas são queimadas, pois eles acreditam que isso ajuda a fertilizar o solo. Em seguida, fazem pequenas roças, onde são plantados alimentos como feijão, milho e mandioca.

As roças são abandonadas depois de dois anos. Assim, o solo cultivado tem tempo para se recuperar e reiniciar o ciclo natural, quando novas árvores começam a crescer.

- **Explique por que os indígenas não cultivam suas roças sempre no mesmo lugar.**

Os direitos dos indígenas

Você sabia que todos os cidadãos brasileiros têm direitos? Você conhece algum exemplo?

Como em outras sociedades, os indígenas também enfrentam conflitos e problemas em seu cotidiano. Em muitas regiões do Brasil, há disputas violentas pela posse da terra entre indígenas e garimpeiros, madeireiros ou pecuaristas. Muitos povos indígenas são obrigados a lutar na Justiça para garantir seu direito à terra, mesmo que o direito a esse patrimônio seja reconhecido na **Constituição** brasileira.

> **Constituição:** conjunto de leis e princípios fundamentais que regem o país.

Os indígenas lutam também para serem reconhecidos como cidadãos e terem os mesmos direitos garantidos aos demais brasileiros.

1 Leia o depoimento de Fernanda Kaingang, primeira indígena brasileira a receber o título de mestre em Direito por uma universidade pública.

> Se o povo tem terra, tem condições de batalhar por seus direitos. Mas se um povo não tem, não tem condição nem de ser povo, física e culturalmente.

> Ninguém quer retomar todas as áreas do Brasil, o que se quer é garantir uma condição mínima. [...] A terra precisa ser garantida [...]. Essa é a maior bandeira dos povos indígenas hoje.

Reprodução/<www.youtube.com/watch?v=wWXTLLhTZV4>

Depoimento extraído do *site* Rede. Disponível em: <http://redesestudantesindigenas.unemat.br/htm/default.php?Strnav=15:55>. Acesso em: outubro de 2017.

Fernanda Kaingang, em cena do programa *Primeira Pessoa*, de 2013.

a) Explique o significado da expressão destacada: "Essa é a **maior bandeira** dos povos indígenas hoje".

b) De acordo com o depoimento, qual é o maior problema enfrentado pelos indígenas brasileiros na atualidade?

Cotidiano na aldeia

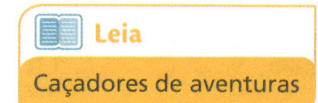 **Leia**
Caçadores de aventuras

Que atividades fazem parte de seu cotidiano?

Em uma aldeia indígena tradicional, geralmente cada habitante sabe realizar todas as atividades. Não há especialização do trabalho nem divisão de profissões. A única divisão que existe é entre homens e mulheres. As tarefas variam de acordo com a comunidade a que cada um pertence.

Em geral, os homens realizam atividades como caça, preparo das roças, construção de moradias e confecção de objetos de madeira (como arcos e flechas). As mulheres desempenham tarefas como fiar, tecer, colher alimentos, cozinhar, fazer artesanato (como cestos e vasos) e cuidar dos filhos menores.

Fabio Colombini/Acervo do fotógrafo

Mulher da etnia Guarani Mbya confecciona cestos de fibras na aldeia Kalipety, no estado de São Paulo. Foto de 2017.

Gerson Gerloff/Pulsar Imagens

Homem guarani pesca com arco e flecha na aldeia Koenju, no estado do Rio Grande do Sul. Foto de 2016.

1 Nas aldeias indígenas há divisão de trabalho entre homens e mulheres. Como acontece a divisão de trabalho na comunidade em que você vive? Escreva no caderno um pequeno texto sobre isso.

2 Explique a frase: "Não há especialização do trabalho nem divisão de profissões".

3 Leia o texto com os colegas.

Cotidiano dos índios no rio

Cabe aos homens desmatar e fazer a queimada da área de floresta ou de capoeiras velhas para a constituição das roças. A partir de então, o trabalho torna-se feminino, desde a escolha das variedades de mandioca ou das outras espécies cultivadas até o preparo dos alimentos. No longo trabalho de produzir os diferentes derivados da mandioca (manicuera, tucupi, tapioca, baiji, mingau, farinha), as mulheres gastam praticamente todo o dia.

[…]

A atividade principal dos homens é contribuir com a outra parte da alimentação, o peixe ou a carne de caça. Em geral, os homens saem de canoa todos os dias ou durante a noite para pescar ou caçar. […] As refeições comunitárias, no entanto, não se restringem às oportunidades de comida boa e farta. Quase todos os dias elas acontecem pela manhã. Cada mulher leva seu cesto de beiju, uma panela de mingau e outra com peixe ou quinhãpira. Todos comem juntos e conversam, aproveitando para tomar decisões de interesse coletivo.

Instituto Socioambiental. **Povos Indígenas no Brasil**. Etnias do Rio Negro. Disponível em: <http://pib.socioambiental.org/pt/povo/etnias-do-rio-negro/1534>. Acesso em: outubro de 2017.

Renato Soares/Pulsar Imagens

Preparo da massa do beiju, alimento à base de mandioca, por indígena barasana, em São Félix do Xingu, no estado do Pará. Foto de 2016.

• Indique quem realiza cada atividade, de acordo com o texto.

A Homens   **B** Mulheres   **C** Comunidade

☐ Desmatar e queimar a floresta.

☐ Tomar decisões, comer e conversar.

☐ Sair para caçar ou pescar à noite.

☐ Escolher e plantar a mandioca.

Jogos e brincadeiras indígenas

As comunidades indígenas do Brasil possuem características próprias, como a língua, as festas, as pinturas corporais, os jogos e as brincadeiras. Muito presentes no cotidiano, os jogos e as brincadeiras variam de acordo com a comunidade, mas quase todos acontecem em contato com a natureza.

Heiné Kuputisü

Neste jogo de resistência e equilíbrio, o corredor deve correr num pé só, não sendo permitido trocar. Um risco definindo o local da largada é traçado na terra e um outro, a uns 100 metros de distância, aponta a meta a ser atingida, mas cada um vai até onde consegue aguentar. Se ultrapassar a meta, já é considerado um vencedor […].

No final, vence quem foi mais longe com um pé só.

HERRERO, Marina; FERNANDES, Ullysses; FRANCO NETO, João Veridiano. **Jogos e brincadeiras do povo kalapalo**. São Paulo: Sesc, 2006. p. 26.

Haroldo Palo Jr./Acervo do fotógrafo

Indígenas kalapalo desafiam resistência e equilíbrio no jogo Heiné Kuputisü. Mato Grosso, 2012.

1. Na sua opinião, em que local os indígenas brincam de Heiné Kuputisü?

2. Explique no caderno as regras desse jogo.

3 Pesquisem jogos e brincadeiras típicos da região em que vocês vivem.

a) Os jogos e as brincadeiras típicos da região são:

....

b) Organizem uma votação para escolher o jogo ou a brincadeira preferida da turma.

Opções	Votos

O escolhido foi: ....

c) Escrevam no caderno como vocês ensinariam esse jogo ou essa brincadeira para outras crianças.

d) Divulguem esse jogo ou essa brincadeira em cartazes para que outras crianças possam conhecer e se divertir também.

Vamos falar sobre...

Valorização das culturas indígenas

Os indígenas são os habitantes originais do território brasileiro. Quando os portugueses chegaram, em 1500, os indígenas já viviam aqui. As sociedades indígenas têm uma cultura extremamente rica e variada. Existe uma grande diversidade de tradições, brincadeiras, histórias, técnicas e cerimônias que caracterizam cada sociedade indígena. Reconhecer e valorizar essa riqueza cultural é um dever de todo cidadão brasileiro.

Indígenas guarani tocando flauta. Aldeia Piraquê-Açu no Espírito Santo, em 2014.

• O que você sabe sobre os indígenas que vivem na região onde você mora? Converse com os colegas e o professor.

Vamos retomar

1 Leia a afirmativa.

> Os indígenas respeitam a terra, não esgotam a natureza, pois dependem dela para viver.

a) Essa frase é verdadeira ou falsa? Justifique sua resposta com exemplos.

....

....

....

....

b) Explique como os indígenas cultivam suas roças sem esgotar a natureza.

....

....

....

2 Cada uma das ilustrações está relacionada a um tipo de atividade realizada pelos indígenas.

- Ligue a ilustração à atividade relacionada a ela.

> • Elementos não proporcionais entre si

Ilustrações: Carlos Bourdie/Arquivo da editora

| Confecção de ferramenta para caça | Pesca | Preparo da comida |

Autoavaliação

Terminamos a unidade 8! Leia as frases abaixo e faça um **X** no desenho que melhor expressa sua opinião sobre cada uma delas.

1. Conheci algumas características das culturas indígenas.			
2. Entendi como os indígenas se relacionam com o trabalho e com a natureza.			
3. Reconheço o direito dos indígenas à terra.			
4. Conheci aspectos do cotidiano nas aldeias indígenas.			
5. Sei identificar alguns jogos e algumas brincadeiras que divertem as crianças indígenas.			

Sugestões

 Para ler

- **Caçadores de aventuras,** de Daniel Munduruku, Caramelo.

  O livro trata do cotidiano da aldeia, da importância das lendas e dos valores éticos para as culturas indígenas.

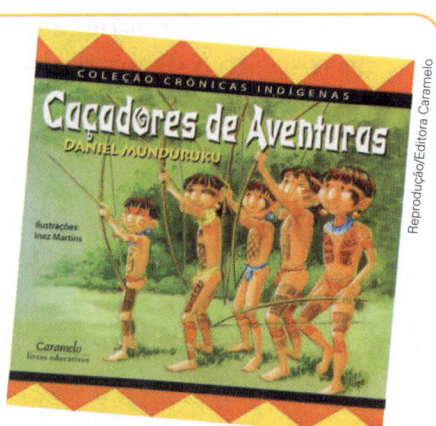

Reprodução/Editora Caramelo

Reprodução/<pibmirim.socioambiental.org/como-vivem/brincadeiras>

 Para acessar

- **Instituto Socioambiental**. Povos indígenas no Brasil Mirim. Disponível em: <http://mirim.org/como-vivem/brinca deiras>. Acesso em: maio de 2018.

  Site sobre hábitos, costumes e modos de vida dos diferentes povos indígenas do Brasil.

9 O encontro entre culturas

Nesta unidade você vai:

- Entender a noção de tempo e conhecer alguns instrumentos utilizados para marcar sua passagem.
- Aprender a definição de século usando algarismos romanos e indo-arábicos.
- Identificar elementos da tradição indígena presentes no nosso cotidiano.
- Conhecer algumas características culturais dos Tupi-Guarani no passado.
- Entender e reconhecer a importância do respeito à diversidade cultural.

Observe a pintura e converse com os colegas.

1. A que acontecimento a pintura faz referência?

2. Militão dos Santos não presenciou os acontecimentos que representou em sua pintura. Em que ele teria se baseado para compor a cena? Justifique sua resposta.

Detalhe de **Descobrimento do Brasil**, de Militão dos Santos, 2009 (óleo sobre tela, de 60 cm × 40 cm).

Militão dos Santos

Reprodução/Coleção particular

Descobrimento do Brasil

O encontro entre brancos e indígenas

📖 **Leia**

Tendy e Jã-Jã e os dois mundos: na época do descobrimento

> Como foi o seu primeiro encontro com os colegas da escola? O que você sentiu e pensou? Como imagina ter sido o primeiro encontro entre europeus e indígenas na época em que os portugueses chegaram ao território do Brasil?

Há mais de 500 anos, europeus cruzaram os oceanos em busca de riquezas e de novas terras. Chegaram, então, à América e encontraram povos desconhecidos. O encontro desses povos causou espanto e admiração, além de muitas mudanças.

Leia os textos a seguir e saiba como indígenas e europeus descreveram os primeiros contatos.

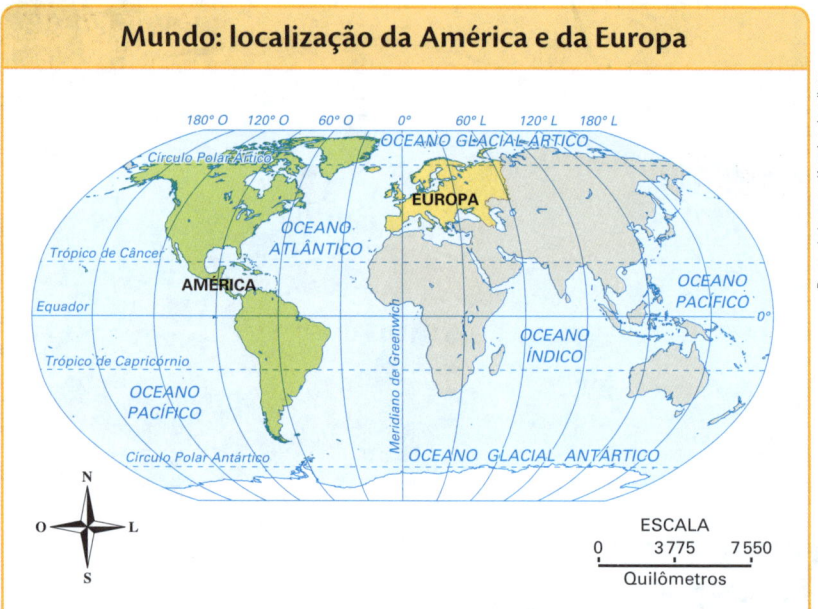

Mundo: localização da América e da Europa

Banco de imagens/Arquivo da editora

IBGE. **Atlas geográfico escolar**. 7. ed. Rio de Janeiro, 2016. p. 34.

> […] tinham o corpo envolto, "somente as caras aparecem. São brancas, como se fossem de cal. Têm cabelo amarelo, embora alguns os tenham pretos. Sua barba é grande […]".
>
> Descrição dos astecas, que habitavam a América Central, sobre os europeus espanhóis que colonizaram essas terras. Em: GALEANO, Eduardo. **As veias abertas da América Latina**. São Paulo: Paz e Terra, 1990. p. 28.

> […] não têm barba nenhuma nem vestem vestimento nenhum assim os homens como as mulheres, que como saíram do ventre de suas mães assim vão […]; e assim pela diversidade da cor, que eles são de cor como parda […] e nós brancos; de modo que sentindo medo de nós, todos se meteram no bosque […]
>
> VESPÚCIO, Américo. Carta a Francisco de Médici, 19 de julho de 1500. Em: AMADO, Janaína; GARCIA, Ledonias Franco. **Navegar é preciso**: grandes descobrimentos marítimos europeus. São Paulo: Atual, 1989. p. 42.

O estranhamento entre os dois povos aconteceu porque eles tinham culturas e costumes muito diferentes. Para os indígenas, por exemplo, os portugueses chegavam em "canoas gigantes" (as caravelas, as naus e a naveta).

Desembarque de Pedro Álvares Cabral em Porto Seguro em 1500, de Oscar Pereira da Silva, 1922 (óleo sobre tela, de 3,3 m × 19 m).

1 Segundo o texto de Eduardo Galeano, na página anterior, que aspectos da aparência dos espanhóis chamaram a atenção dos astecas da América Central?

2 Leia a letra da música.

> **Chegança**
>
> [...]
> Mas de repente
> me acordei com a surpresa
> uma esquadra portuguesa
> veio na praia atracar.
> Da grande-nau,
> um branco de barba escura,
> vestindo uma armadura
> me apontou para me pegar.
>
> E assustado
> dei um pulo da rede,
> pressenti a fome, a sede,
> eu pensei: "vão me acabar".
> Me levantei
> de **borduna** já na mão.
> Ai, senti no coração,
> o Brasil vai começar.
>
> **borduna:** arma indígena feita de madeira.
>
> NÓBREGA, Antonio. Chegança. **Madeira que cupim não rói**. São Paulo: Trama, 1997. 1 CD. Faixa 3.

a) A música narra o encontro entre quais povos?

b) O narrador do encontro faz parte de qual povo? Copie no caderno um trecho da música que comprove sua resposta.

c) Por que o narrador afirmou, na última frase, que "o Brasil vai começar"?

Reprodução/Museu Histórico Nacional, Rio de Janeiro, RJ

Os indígenas vistos pelos europeus

Os primeiros contatos entre brancos e indígenas no Brasil foram registrados em documentos, como cartas de viajantes, diários de navegação, crônicas oficiais e religiosas e também livros. Neles é possível descobrir como os europeus viam os indígenas.

Os relatos de Hans Staden

No ano de 1554, o alemão Hans Staden, que trabalhava como artilheiro em um forte português na região de São Vicente, litoral sul do atual estado de São Paulo, foi aprisionado pelos Tupinambá, que eram inimigos dos portugueses. Foram nove meses de cativeiro e de intensa convivência com esses indígenas. Hans achava que seria morto por eles, mas conseguiu se libertar. Ele então voltou para a Alemanha e lá publicou um livro em que conta os hábitos e costumes indígenas com detalhes.

Reprodução/Coleção particular

Os europeus conheceram o Brasil com base nas imagens das xilogravuras que ilustravam os livros da época. Xilogravura anônima do livro **Viagem ao Brasil**, publicado em 1557, em que Hans Staden narra suas duas passagens pelo Brasil.

> Os selvagens não praticam, entre eles, nenhum tipo de comércio e não conhecem nenhum dinheiro. Seus únicos tesouros são penas de pássaros, sendo visto como rico aquele que possui muitas delas. Quem usa uma pedra no lábio inferior também tem muito prestígio. Cada família possui sua própria plantação de mandioca, que lhe basta para viver.
>
> STADEN, Hans. **Viagem ao Brasil**: a verdadeira história dos selvagens, nus e ferozes devoradores de homens. Rio de Janeiro: Dantes, 1998. p. 156.

A carta de Caminha

Um dos relatos mais importantes do encontro de europeus com indígenas, na época da chegada dos portugueses ao Brasil, é a carta de Pero Vaz de Caminha. Caminha era escrivão da frota comandada por Pedro Álvares Cabral. A carta, datada de 1º de maio de 1500, narra ao rei de Portugal o contato com a nova terra e é considerada o primeiro documento escrito sobre o Brasil. Leia a seguir como Caminha descreveu os indígenas nesse documento.

> [...]
>
> A feição deles é serem pardos, maneira de avermelhados, de bons rostos e bons narizes, bemfeitos. Andam nus, sem nenhuma cobertura. Nem estimam de cobrir ou de mostrar suas **vergonhas**; e nisso têm tanta inocência como em mostrar o rosto. [...] traziam os beiços de baixo furados e metidos neles seus ossos brancos [...].
>
> CAMINHA, Pero Vaz de. Ministério da Cultura/Fundação Biblioteca Nacional. Disponível em: <http://objdigital.bn.br/Acervo_Digital/ Livros_eletronicos/carta.pdf>. Acesso em: outubro de 2017.

vergonhas: órgãos sexuais humanos.

1 **Responda às questões.**

a) Que hábitos dos indígenas são destacados na carta de Pero Vaz de Caminha? Sublinhe no texto.

b) De acordo com o texto de Hans Staden, reproduzido na página anterior, quais eram os sinais de riqueza entre os indígenas?

....

....

2 **Além de estranhar os hábitos e costumes dos nativos, os portugueses encontraram no Brasil animais que desconheciam. Leia o texto a seguir.**

Tatuaçu é um animal estranho, [...] tem as pernas curtas cheias de escamas, o focinho comprido cheio de conchas, as orelhas pequenas, e a cabeça, que é toda cheia de conchinhas; os olhos pequeninos, o rabo comprido cheio de lâminas em redondo [...]; têm as unhas grandes, com que fazem as covas debaixo do chão [...]. Mantêm-se de frutas silvestres e minhocas, andam devagar, e, se caem de costas, têm trabalho para se virar; e têm a barriga vermelhaça toda cheia de verrugas. [...]

SOUSA, Gabriel Soares de. **Tratado descritivo do Brasil em 1587**. São Paulo: Nacional, 1938. p. 251.

O tatuaçu, também conhecido como tatu-canastra.

- Pesquise sobre um animal nativo do Brasil ou sobre algum que tenha sido trazido pelos portugueses. No caderno, faça uma descrição das características desse animal.

Portugueses e ameríndios

● Você sabe quais povos indígenas americanos, também conhecidos como ameríndios, fizeram os primeiros contatos com os portugueses?

Os primeiros povos a entrar em contato com os portugueses foram os Tupi-Guarani, pois habitavam o litoral desde a região de Cananeia, no sul do atual estado de São Paulo, até o atual estado do Maranhão. Eram ótimos navegadores de rios e excelentes pescadores e caçadores. Conheciam muito bem o território onde viviam.

Os Tupi-Guarani eram considerados guerreiros de espírito conquistador e por isso influenciaram outros povos indígenas, que adotaram alguns dos seus hábitos e a sua língua. Na época em que os portugueses chegaram aqui, dominavam grande parte da costa brasileira.

A aldeia tupi

Os povos que habitavam o litoral do Brasil na época da chegada dos portugueses viviam em pequenas aldeias. O conjunto das aldeias formava uma **nação** ou **tribo**. Os integrantes de uma nação indígena compartilhavam uma mesma cultura, falavam uma mesma língua e também possuíam relações de parentesco.

Como a língua tupi era falada pela maioria dos indígenas que habitavam o litoral do país, os portugueses tiveram de aprendê-la para se comunicar com eles. O conhecimento da língua tupi facilitou a colonização.

O tupi ficou sendo a "língua geral" ou "língua brasílica" e teve muita influência sobre o português falado no Brasil.

Estudante da etnia Guarani Kaiowá em aula de Tupi-Guarani em escola municipal indígena de Amambai, no estado de Mato Grosso do Sul. Foto de 2012.

● Por que os portugueses aprenderam a língua dos indígenas e não o contrário?

As heranças indígenas

Os europeus que vieram explorar o território brasileiro também adquiriram hábitos com os povos que aqui viviam. Além da língua, aprenderam a percorrer trilhas e a sobreviver nas matas, dormir em redes e tomar banho nos rios. Muitos desses costumes indígenas continuam a fazer parte do nosso cotidiano.

O artesanato, a música e o folclore brasileiro também refletem influências indígenas. Por outro lado, os indígenas, em contato com os povos colonizadores, incorporaram hábitos da sua cultura, como o uso de roupas, antes desconhecidas para eles.

Arte indígena: a pintura corporal

Tradicionalmente, os povos indígenas usam a pintura corporal como uma forma de comunicação, de expressão artística e de demonstração dos sentimentos. A pintura é usada no cotidiano, nas comemorações e nos rituais sagrados.

Na pintura corporal de cada povo há padrões diferentes expressos no traçado dos desenhos, na escolha das composições e nas cores. A pintura usada pelos adultos é diferente da usada pelas crianças e pelos jovens; há também uma pintura só para mulheres ou só para os casados.

Essa expressão artística indígena é reconhecida e admirada por outras culturas desde os primeiros contatos entre indígenas e europeus, no século 16. Recentemente, a pintura corporal dos Wajãpi do Amapá foi reconhecida como patrimônio imaterial do Brasil.

Criança indígena kayapó em Alto Paraíso, no estado de Goiás, em 2014.

 Que formas de arte as pessoas da comunidade em que você vive utilizam para expressar os próprios sentimentos?

Vamos falar sobre...

Respeito às diferenças

Intolerância é não aceitar quem é ou parece diferente. Todos têm o direito de ser como são. É importante saber aceitar e respeitar o jeito de ser das outras pessoas. As diferenças tornam as sociedades mais ricas e diversificadas.

- **Converse com os colegas: Como podemos resolver conflitos? Contem situações de conflito que vocês vivenciaram dentro ou fora da escola.**

Como marcamos a passagem do tempo?

Para marcar a passagem do tempo, foram criados diferentes sistemas e instrumentos, como o calendário e o relógio. Marcar a passagem do tempo é importante, pois ajuda as pessoas a se orientar e a datar acontecimentos ou eventos.

Na escola, por exemplo, o calendário é muito importante para organizar as tarefas do cotidiano. Ele também nos ajuda a planejar comemorações, avaliações e atividades especiais em cada mês.

A passagem do tempo pode ser marcada em horas, dias, semanas, meses, anos, décadas, séculos…

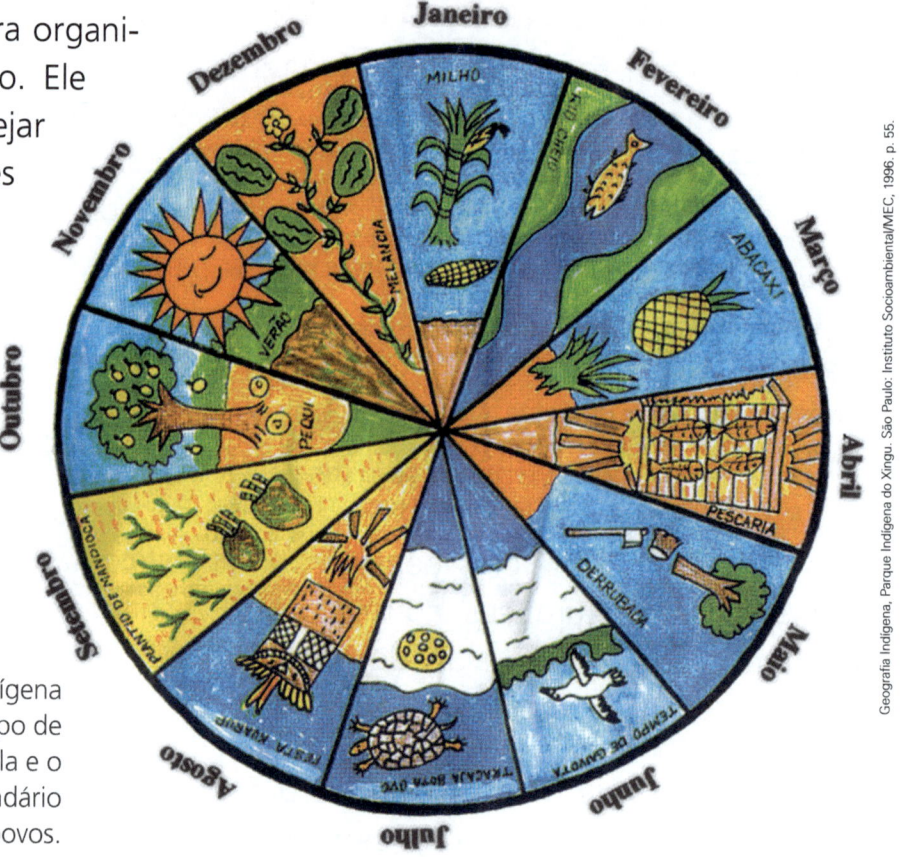

Os povos que vivem no Parque Indígena do Xingu organizam seu tempo de acordo com o cultivo agrícola e o ritmo da natureza. Ao lado, calendário indígena criado por esses povos.

Geografia Indígena. Parque Indígena do Xingu. São Paulo: Instituto Socioambiental/MEC, 1996. p. 55.

O que é um século?

O século é uma unidade de tempo que equivale a 100 anos.

A contagem do século começa no ano com final 01 e termina no ano com final 00. Veja alguns exemplos.

- O século I (século primeiro) começou no ano 1 e terminou no ano 100.
- O século XVII (século dezessete) começou no ano 1601 e terminou no ano 1700.
- O século XX (século vinte) começou em 1901 e terminou no ano 2000.
- O século XXI (século vinte e um) começou em 2001 e terminará em 2100.

A representação do século costuma ser feita com algarismos romanos, mas também a encontramos com algarismos indo-arábicos.

Algarismos romanos	I	II	III	IV	V	VI	VII	VIII	IX	X
Algarismos indo-arábicos	1	2	3	4	5	6	7	8	9	10

Para registrar o século correspondente ao ano de 1492, por exemplo, podemos escrever: **século XV** ou **século 15**.

1 Leia a reportagem a seguir.

> ### Minha história de vida no século 21
>
> Muita gente pensa que, para escrever sua própria história, você tem que ser alguém especial: ou porque viveu muito, ou porque ocupou algum cargo importante, ou porque testemunhou algo relevante em sua vida. Mas afinal, o que é ser "alguém especial"? Cada ser humano, a sua maneira, é importante.
>
> Nossas experiências de vida são únicas, já que ninguém vive a vida do outro. Ao mesmo tempo, são compartilhadas, pois temos experiências parecidas com as de pessoas que vivem em épocas e lugares próximos aos nossos. [...]
>
> O fato é que, seja como for nossa vida, todos temos memórias de infância. Todos temos histórias para contar. E, uma vez contadas, nossas histórias serão lidas por outras pessoas, nossos filhos, netos e bisnetos, que, no futuro, vão querer saber como era a vida no início do século 21!
>
> GRINBERG, Keila. Era uma vez... eu! **Ciência Hoje das Crianças**. Rio de Janeiro: SBPC, 27 de abril de 2012. Disponível em: <http://chc.org.br/era-uma-vez-eu/>. Acesso em: outubro de 2017.

a) De acordo com o texto, o que significa ser "alguém especial"?

b) Converse com seus familiares e relembre uma história especial que aconteceu em sua vida. Escreva sua história no caderno e depois compartilhe-a com os colegas.

2 Responda às questões.

a) Em que século você nasceu? ....

b) A frota de Pedro Álvares Cabral chegou às terras brasileiras em 1500. Em que século isso aconteceu? ....

c) Quantos séculos se passaram entre a chegada de Cabral e o ano em que você nasceu? ....

Tradição e inovação entre povos indígenas

O trecho a seguir é do livro **O povo Pataxó e suas histórias**, utilizado na escola indígena da aldeia pataxó em Carmésia, Minas Gerais.

> **Acesse**
>
> Educação e participação

Eu nasci índio e quero morrer sendo índio.

Eu sou índio, porque sei dançar o ritual do awê.

Eu sou índio, porque sei contar a história do meu povo.

Eu sou índio, porque nasci na aldeia.

Eu sou índio, porque o meu sistema de viver, de pensar, de trabalhar e de olhar o mundo é diferente do homem branco.

Eu sou índio, porque sempre penso o bem para o meu povo e todas as nações indígenas.

Eu sou índio, Pataxó, sou brasileiro, sou caçador, pescador, agricultor, artesão e poeta, enfim, sou um lutador que sempre procura a paz. [...]

Angthichay e outros. **O povo Pataxó e suas histórias**. São Paulo: Global, 2002. p. 46.

Indígenas pataxó em Porto Seguro, no estado da Bahia. Foto de 2014.

Ritual de fé em escola indígena pataxó. Aldeia Imbiriba, em Porto Seguro, no estado da Bahia. Foto de 2014.

1 Responda às questões de acordo com o texto.

a) O que significa ser índio para a comunidade pataxó?

_____

_____

b) Por que os Pataxó se consideram diferentes do "homem branco"?

c) Cite pelo menos três valores importantes para você e a comunidade em que vive.

2 Leia o texto a seguir.

A preservação da cultura indígena tem na informação uma aliada de extrema importância, pois é por meio dela que os primeiros habitantes do Brasil podem mostrar ao mundo as reivindicações e causas que defendem. Neste contexto, o documentário *Indígenas digitais* retrata a apropriação que os índios fazem das mais variadas tecnologias, tornando-se então "**ciberativistas**" e "**etnojornalistas**" das próprias realidades. [...]

"Este mundo [das tecnologias] já está presente em nossas comunidades. No Brasil, existem duas realidades indígenas distintas. Os índios da Amazônia estão, de fato, mais isolados. Mas no restante do país nós estamos muito próximos da urbanidade", ressaltou Potira Tubinambá, uma das entrevistadas no documentário. Formada em Direito, a índia que vive na aldeia Itapoan, em Ilhéus (BA), informou que o celular é a tecnologia mais difundida nas comunidades em razão da facilidade de transportá-la. "No mais, todas as outras existem em proporção semelhante. Temos computadores, filmadoras, gravadores".

> Cultura: documentário mostra relação de índios com as tecnologias. EcoDesenvolvimento. Disponível em: <www.ecodesenvolvimento.org/noticias/preservacao-cultural-documentario-mostra-relacao#ixzz4MKqSBgea>. Acesso em: outubro de 2017.

ciberativista: pessoa que defende uma causa usando a internet.
etnojornalista: indígena que assume o papel de jornalista a fim de retratar sua própria realidade e/ou comunidade.

Mulher indígena da etnia Guarani Mbya usando *notebook* em São Paulo, no estado de São Paulo, em 2017.

Fabio Colombini/Acervo do fotógrafo

Homem indígena tirando foto com celular nos Primeiros Jogos Mundiais dos Povos Indígenas em Palmas, no estado do Tocantins, em 2015.

Ricardo Teles/Pulsar Imagens

- Agora, reúna-se com um colega e façam as atividades no caderno.

   a) De que modo os indígenas se apropriam da tecnologia e com qual objetivo?

   b) Pesquisem o significado do termo "inclusão digital".

   c) De acordo com o texto, podemos dizer que os povos indígenas vivem isolados?

Vamos retomar

1 Por que os indígenas têm o costume de pintar o corpo?

....

....

....

....

2 Complete a ficha com as informações sobre a carta considerada o primeiro documento escrito sobre o Brasil.

- Nome da carta: ....
- Quem a escreveu: ....
- Datada de: ....
- O que ela narra e para quem: ....

....

3 Escreva a que século corresponde cada ano a seguir.

1500: ....   1519: ....

1557: ....   1640: ....

1785: ....   2000: ....

4 Complete o quadro com informações sobre os povos indígenas que tiveram contato com os portugueses que desembarcaram na América em 1500.

De que povo faziam parte?	
Onde viviam?	
Que habilidades tinham?	
Que língua falavam?	

Autoavaliação

Terminamos a unidade 9! Leia as frases abaixo e faça um **X** no desenho que melhor expressa sua opinião sobre cada uma delas.

1. Entendi a noção de tempo e conheci alguns instrumentos utilizados para marcar sua passagem.			
2. Entendi a definição de século e sei usar algarismos romanos e indo-arábicos.			
3. Sei identificar elementos da tradição indígena presentes no nosso cotidiano.			
4. Conheci algumas características culturais dos Tupi-Guarani no passado.			
5. Entendo e reconheço a importância do respeito à diversidade cultural.			

Sugestões

Para ler

- **Tendy e Jã-Jã e os dois mundos: na época do descobrimento**, de Maria José Silveira, Formato.

  História de um menino e uma menina na época em que os portugueses chegaram ao Brasil. Tendy, uma indígena tupiniquim, e Jã-Jã, um órfão francês, são os personagens que viverão o encontro entre as duas culturas.

Reprodução/Editora Formato

Para acessar

- **Educação e participação.** Disponível em: <https://educacaoeparticipacao.org.br/oficinas/?categoria=jogos_brincadeiras>. Acesso em: maio de 2018.

  O portal oferece oficinas com metodologia própria, imagens e regras de jogos e brincadeiras indígenas.

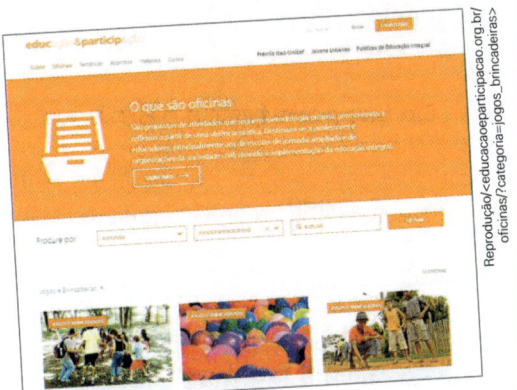

Reprodução/<educacaoeparticipacao.org.br/oficinas/?categoria=jogos_brincadeiras>

BIBLIOGRAFIA

BRASIL. Ministério da Educação. *Pacto Nacional pela Alfabetização na Idade Certa (Pnaic)*. Disponível em: <http://pacto.mec.gov.br/>. Acesso em: novembro de 2017.

BUENO, Eduardo. *Brasil:* uma história – Cinco séculos de um país em construção. São Paulo: Leya, 2012.

CALDEIRA, Jorge. *Brasil:* a história contada por quem viu. São Paulo: Mameluco, 2008.

CAPRA, F. et al. *Alfabetização ecológica*: a educação das crianças para um mundo sustentável. São Paulo: Cultrix, 2006.

COMUNIDADE Intermunicipal Pinhal Interior Norte (CIMPIN); SOCIEDADE Portuguesa de Inovação. A escola e a sustentabilidade. Disponível em: <www.cm-penela.pt/agenda21local/docs/guiaBoasPraticas_escolas.pdf>. Acesso em: novembro de 2017.

COSTA, Sérgio Roberto. *Dicionário de gêneros textuais*. São Paulo: Autêntica, 2009.

COSTA E SILVA, Alberto da. *Imagens da África*. São Paulo: Penguin/Companhia das Letras, 2012.

CUNHA, Eugenio. *Práticas pedagógicas para inclusão e diversidade*. Rio de Janeiro: Wak, 2011.

CUNHA, Manuela Carneiro da (Org.). *História dos índios no Brasil*. São Paulo: Companhia das Letras/Secretaria Municipal de Cultura/Fapesp, 1992.

DEL PRIORE, Mary. *Histórias da gente brasileira*: colônia. São Paulo: Leya, 2016.

_____; VENANCIO, Renato. *Uma breve história do Brasil*. São Paulo: Planeta do Brasil, 2010.

FAUSTO, Boris. *História concisa do Brasil*. São Paulo: Edusp, 2012.

_____. *História do Brasil*. São Paulo: Edusp/FDE, 1999.

FRAGA, Walter; ALBUQUERQUE, Wlamyra R. de. *Uma história da cultura afro-brasileira*. São Paulo: Moderna, 2009.

HOLANDA, Sérgio Buarque de. *História geral da civilização brasileira*. Tomo I: A época colonial. v. 1 e 2. Rio de Janeiro: Bertrand Brasil, 2003.

INÁCIO, Inês da Conceição; LUCA, Tânia Regina de. *Documentos do Brasil colonial*. São Paulo: Ática, 1993.

JEAN, Georges. *A escrita*: memória dos homens. Rio de Janeiro: Objetiva, 2008.

JECUPÉ, Kaká Werá. *A terra dos mil povos*. São Paulo: Peirópolis, 1998.

LOPEZ, Adriana; MOTA, Carlos Guilherme. *História do Brasil*: uma interpretação. São Paulo: Senac, 2012.

LOUREIRO, Carlos Frederico. *Sustentabilidade e educação*. Um olhar da ecologia política. São Paulo: Cortez, 2012.

LUCKESI, Cipriano Carlos. *Avaliação da aprendizagem*. São Paulo: Cortez, 2011.

MACHADO, Ana Maria. *De carta em carta*. São Paulo: Salamandra, 2011.

MUNDURUKU, Daniel. *Coisas de índio*: versão infantil. São Paulo: Callis, 2010.

PERRENOUD, Philippe. *Dez novas competências para ensinar*. Porto Alegre: Artmed, 2000.

PINSK, Jaime. *Cidadania e Educação*. São Paulo: Contexto, 2001.

REIS, Nestor Goulart. *Imagens de vilas e cidades no Brasil colonial*. São Paulo: Imprensa Oficial, 2000.

SANTOS, José. *Crianças do Brasil*: suas histórias, seus brinquedos, seus sonhos. São Paulo: Peirópolis, 2008.

TICUNA. *O livro das árvores*. São Paulo: Global, 2008.

TOLEDO, Roberto Pompeu de. *A capital da solidão*: uma história de São Paulo das origens a 1900. Rio de Janeiro: Objetiva, 2003.

TORAL, André. *Holandeses*. São Paulo: Editora Vêneta, 2017.

ZABALA, Antoni. *Como aprender e ensinar competências*. Porto Alegre: Artmed, 2009.

Sites

Akatu – Consumo consciente para um futuro sustentável. Disponível em: <www.akatu.org.br/>. Acesso em: novembro de 2017.

Ciência Hoje das Crianças. Disponível em: <http://chc.cienciahoje.uol.com.br/>. Acesso em: novembro de 2017.

IBGE. Instituto Brasileiro de Geografia e Estatística. Disponível em: <www.ibge.gov.br/>. Acesso em: novembro de 2017.

INSTITUTO SOCIOAMBIENTAL. *Povos indígenas no Brasil Mirim*. Disponível em: <http://mirim.org/>. Acesso em: novembro de 2017.

Nova Escola. Disponível em: <https://novaescola.org.br/>. Acesso em: novembro de 2017.

Planeta Sustentável. Disponível em: <https://super.abril.com.br/blog/planeta/>. Acesso em: novembro de 2017.

Plenarinho. Disponível em: <https://plenarinho.leg.br/>. Acesso em: novembro de 2017.